Ce Livre

Appartient à:

_ _ _ _ _ _ _ _

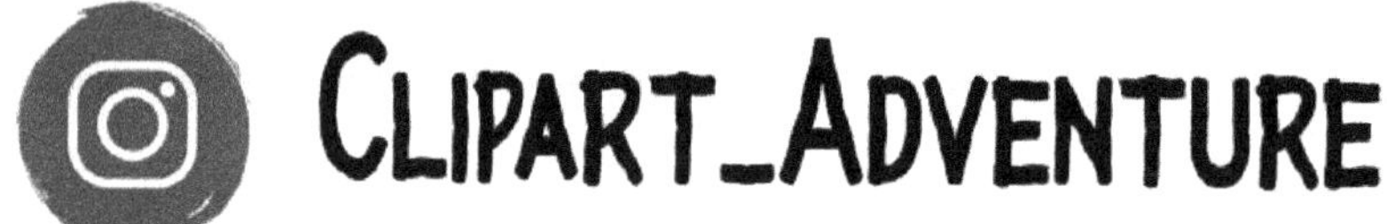

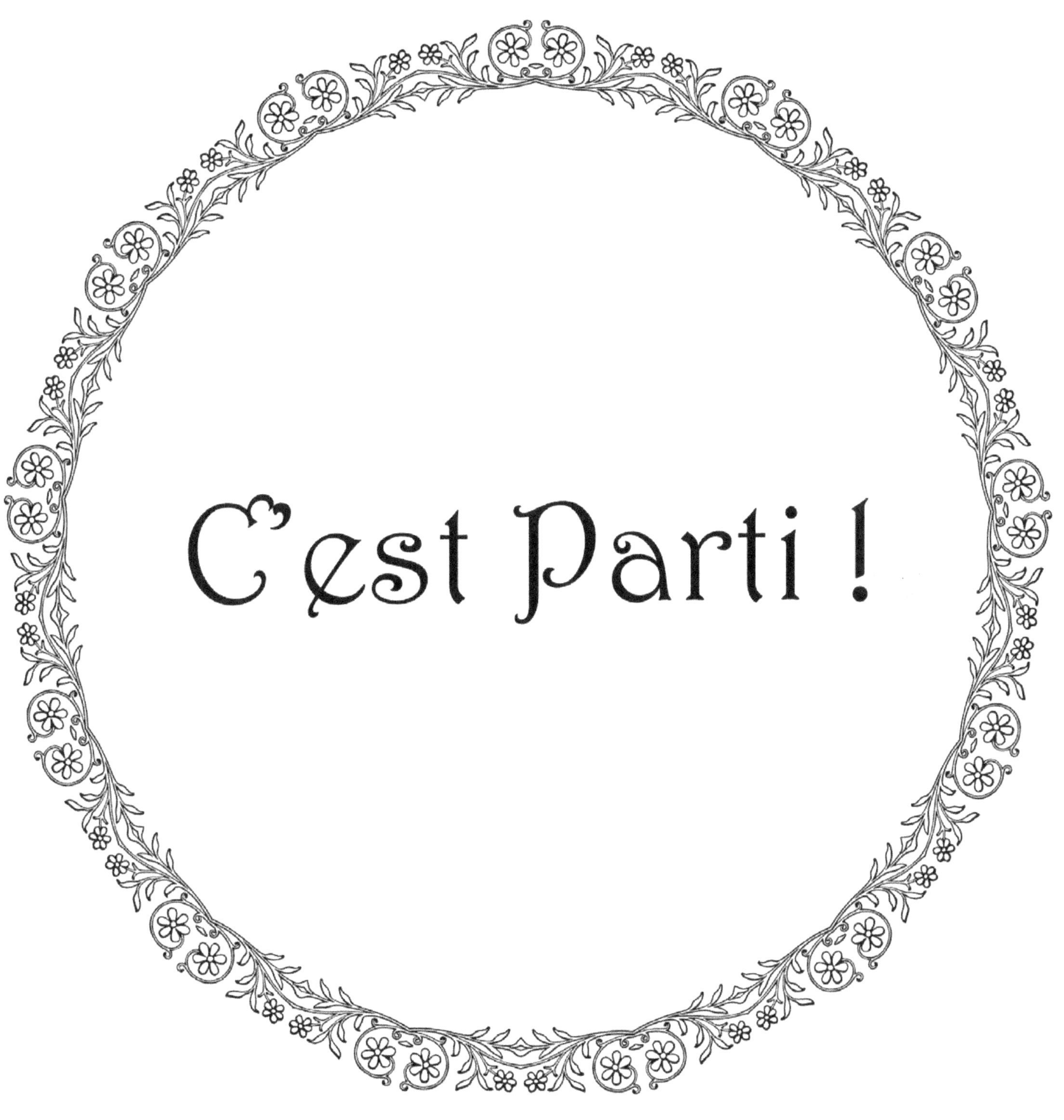
C'est Parti !

Apprendre Par Étape

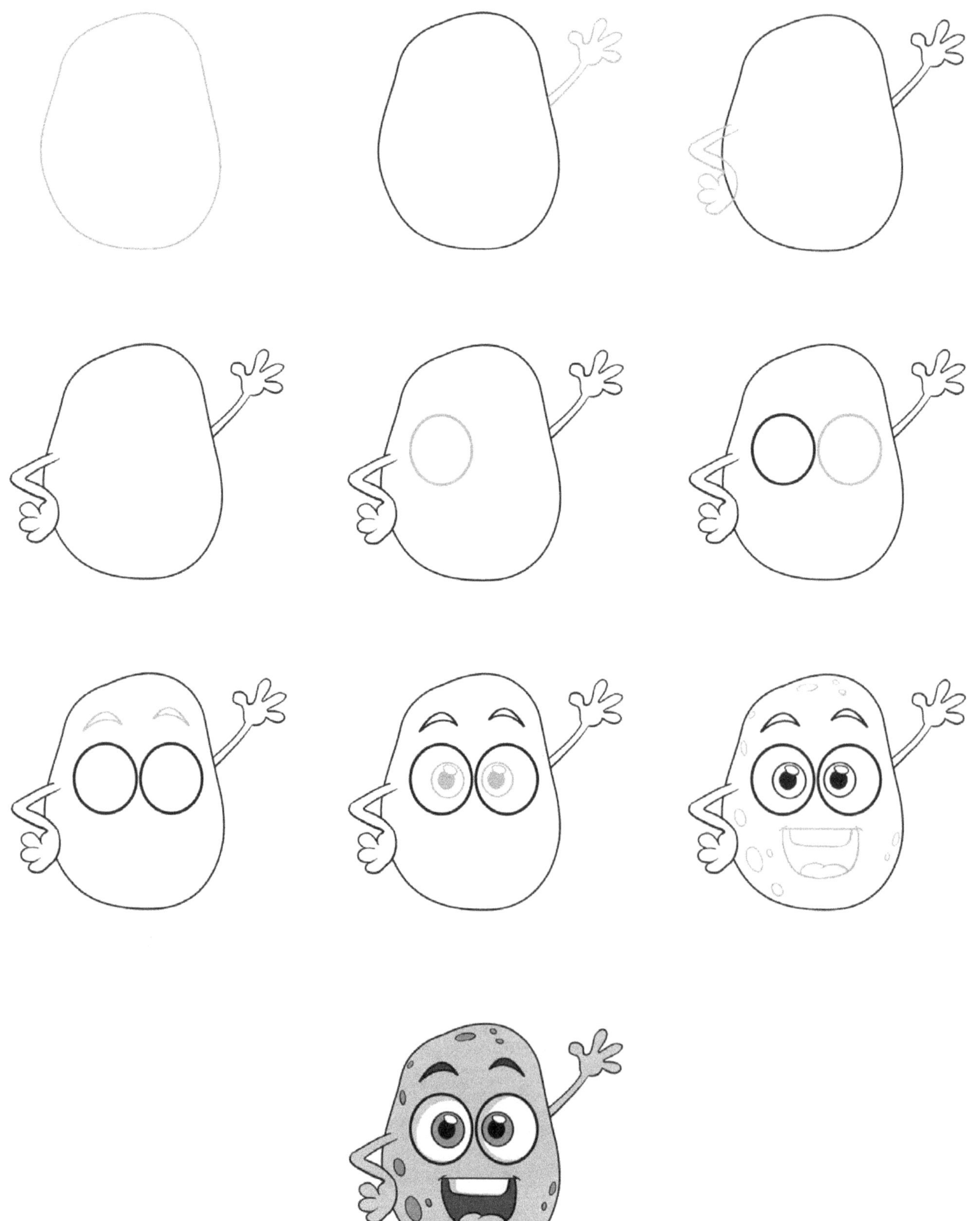

C'est à Votre Tour

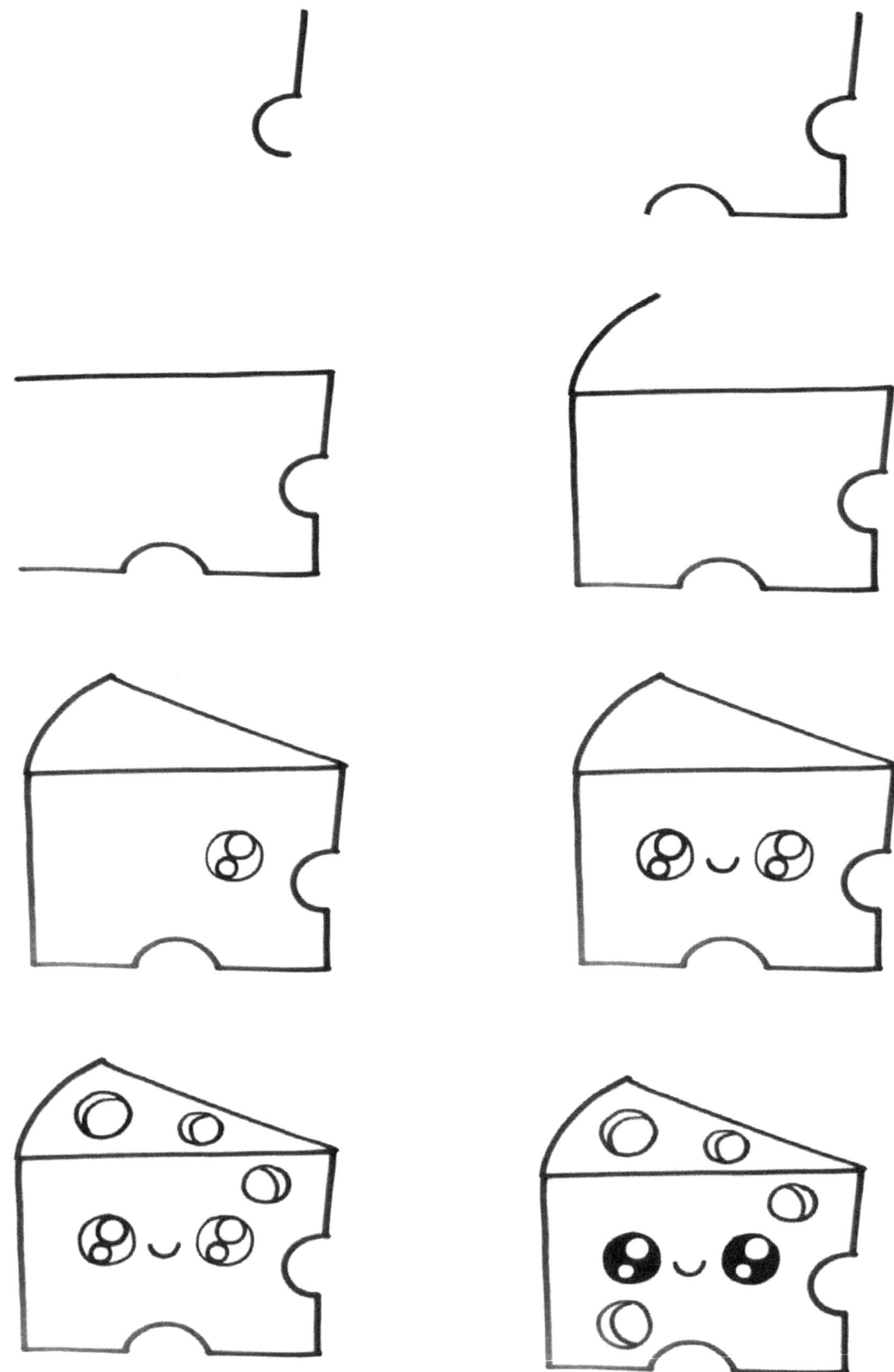

C'est à Votre Tour

Apprendre Par Étape

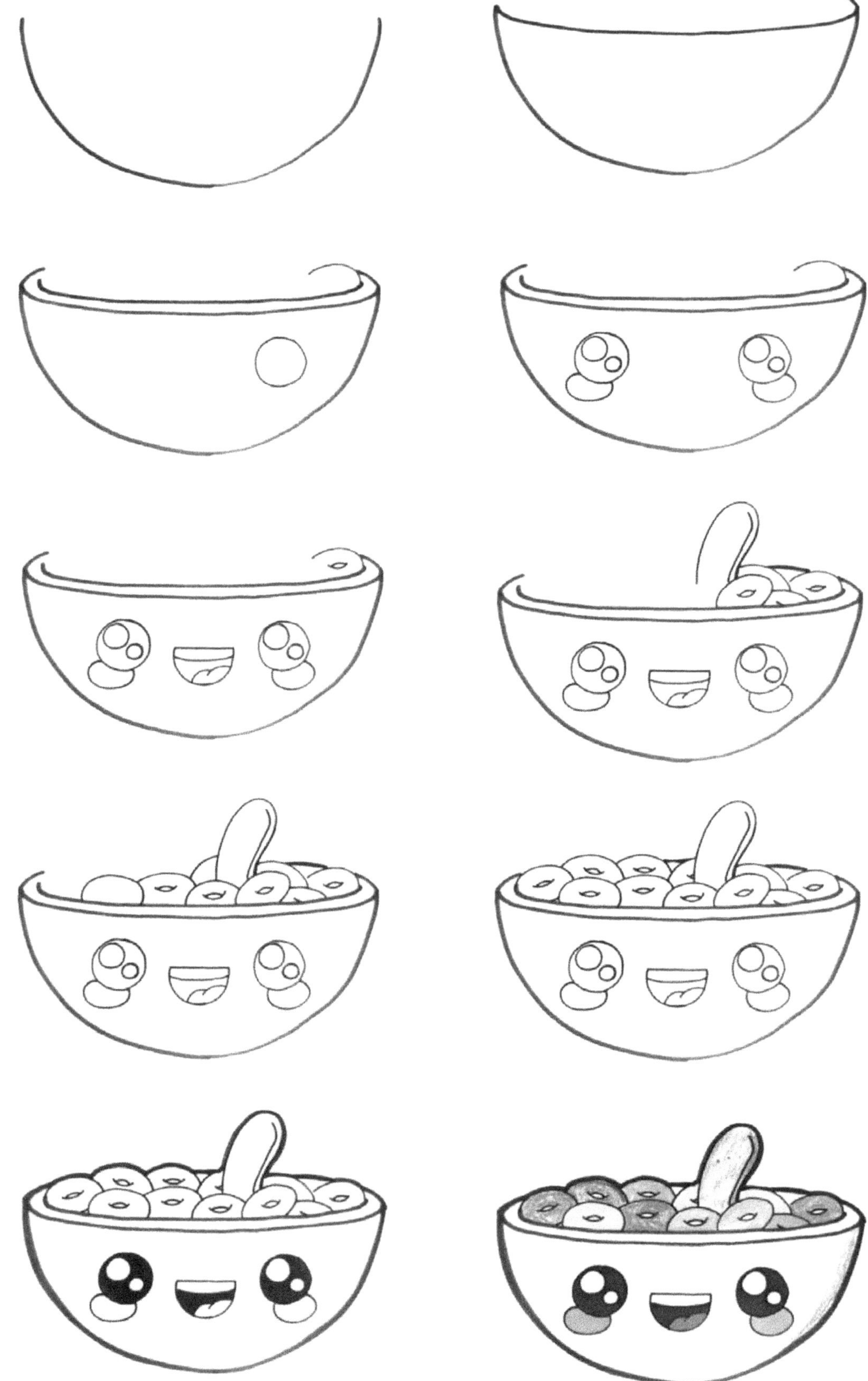

C'est à Votre Tour

Apprendre Par Étape

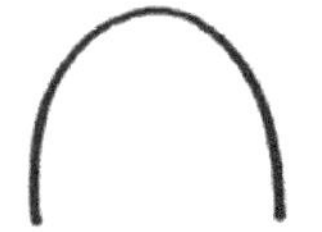
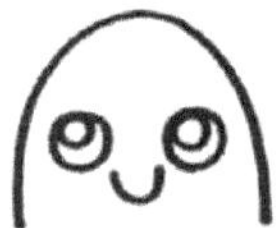

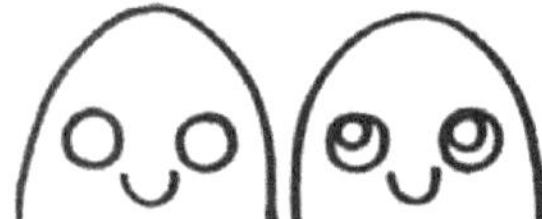
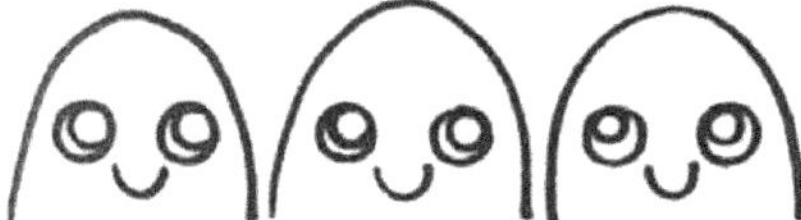

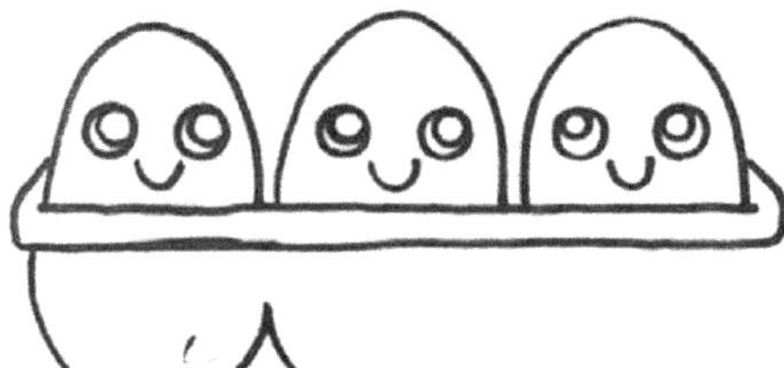
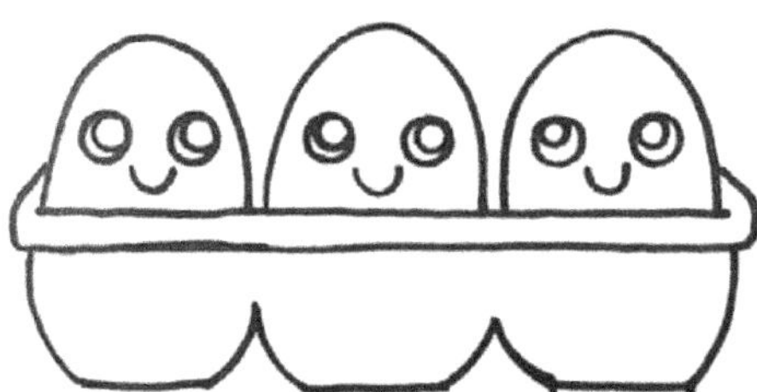

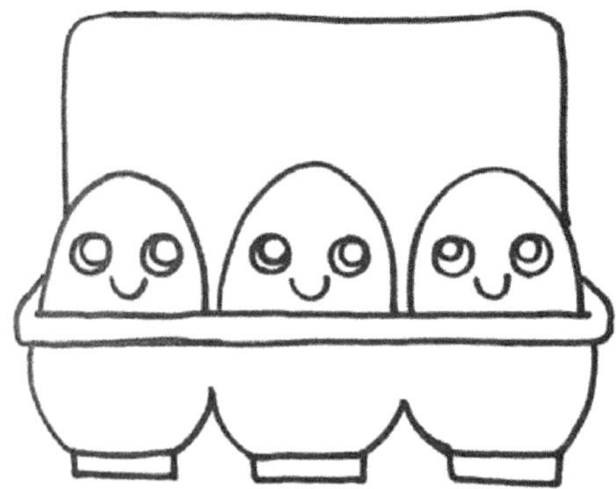
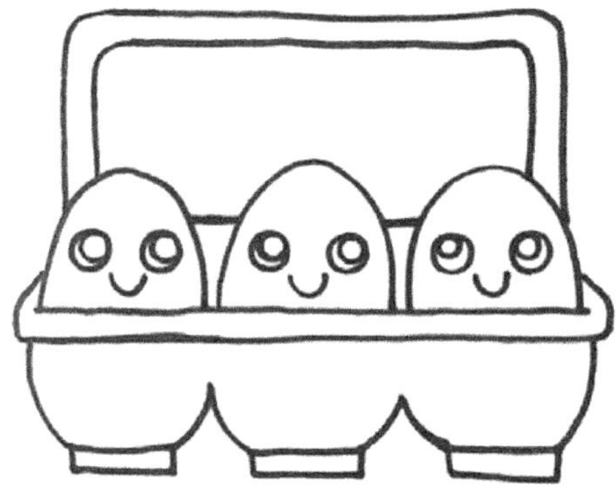

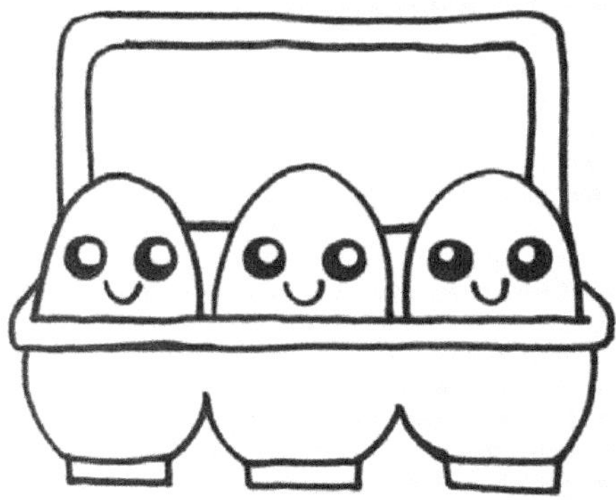

C'est à Votre Tour

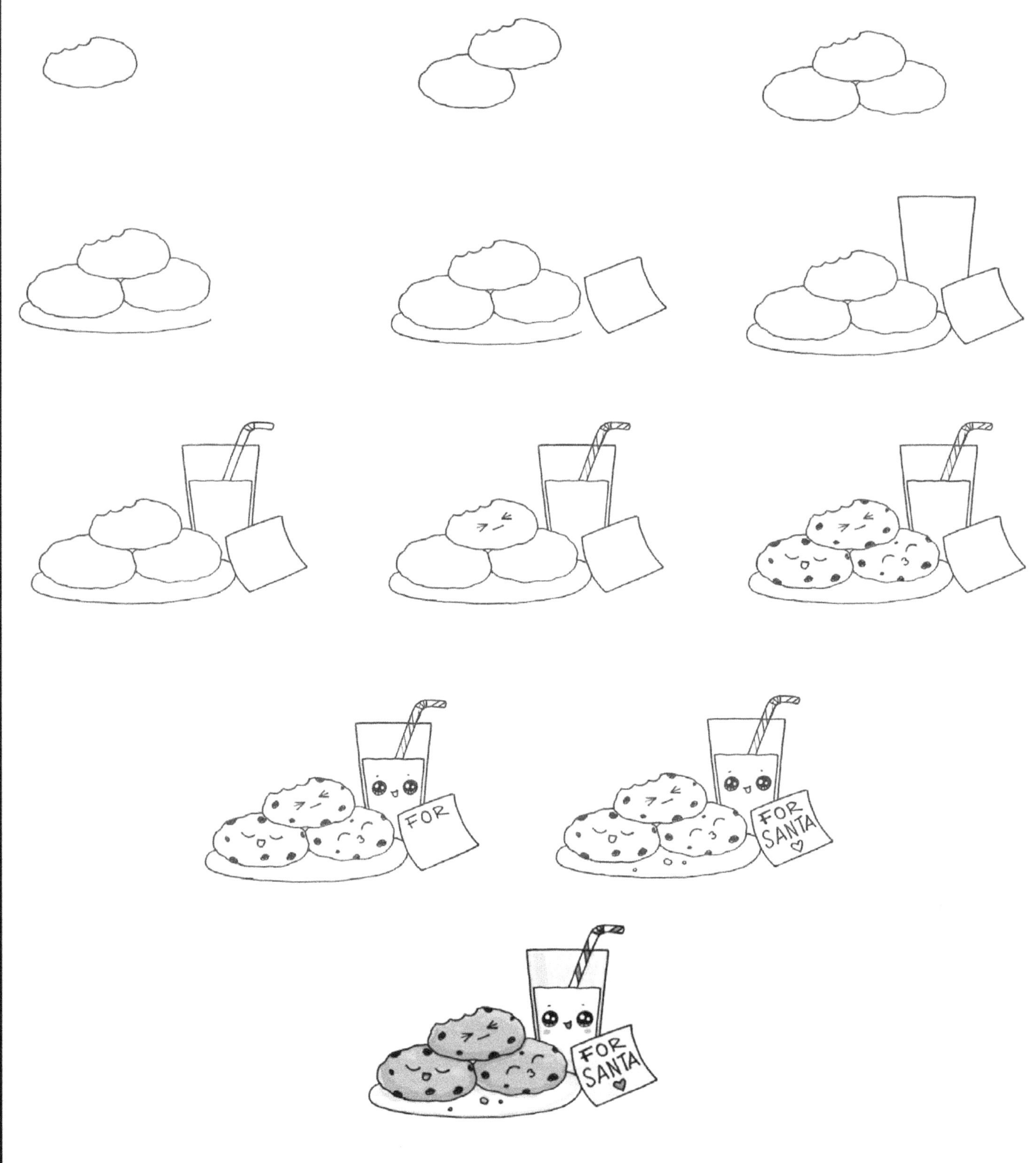

FOR
FOR SANTA ♥
FOR SANTA ♥

C'est à Votre Tour

Apprendre Par Étape

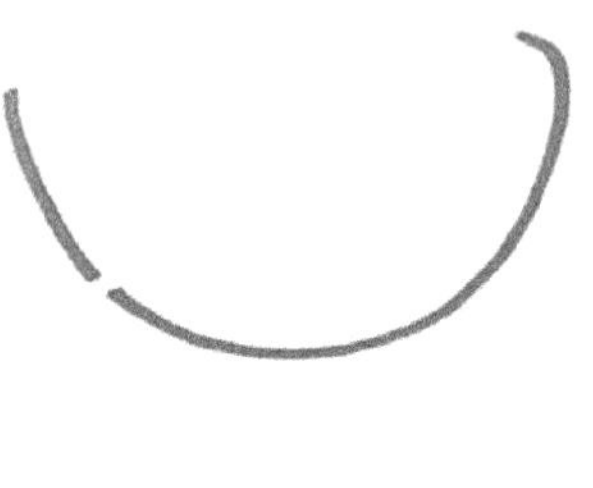

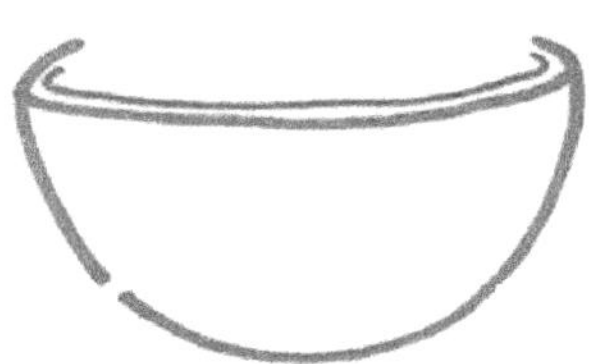

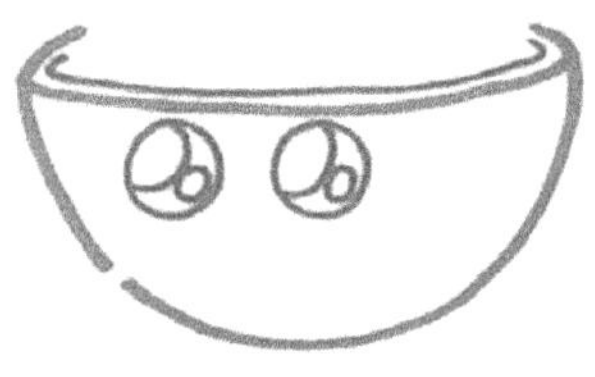

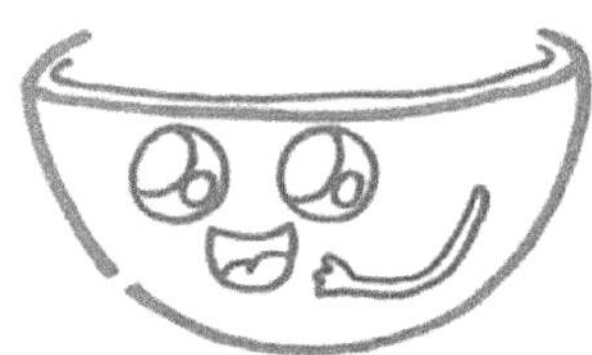

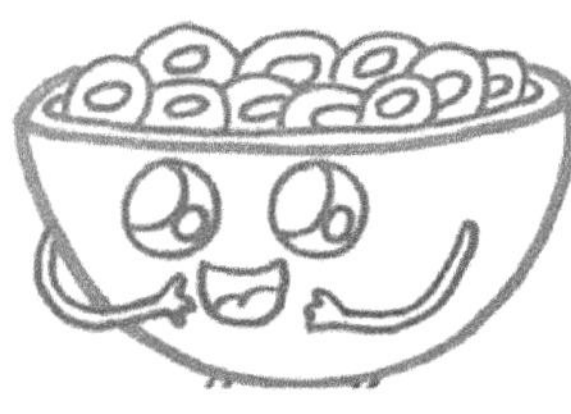

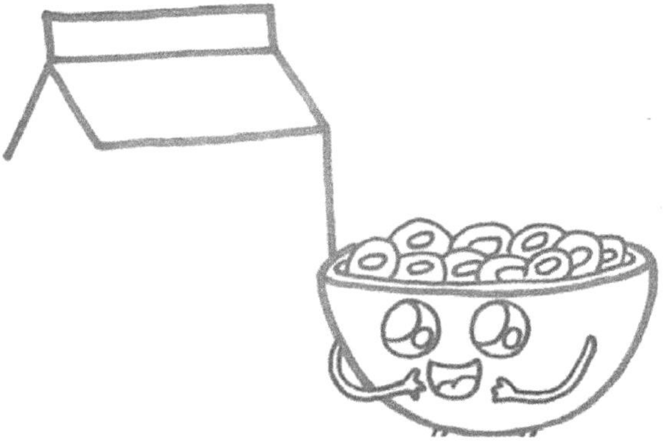

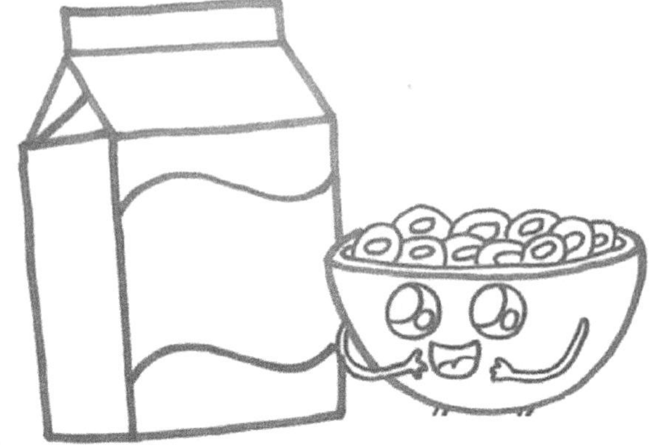

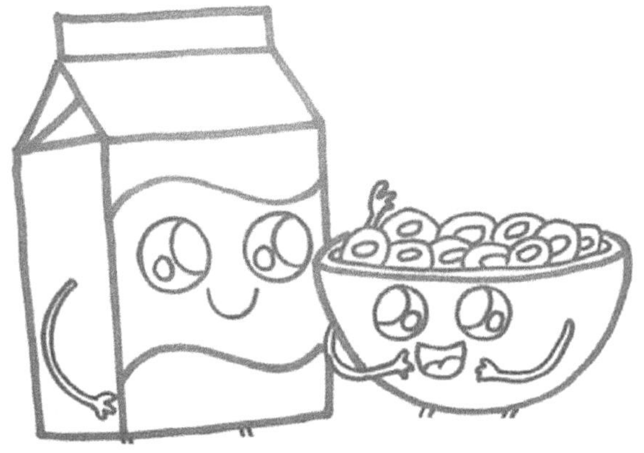

C'est à Votre Tour

Apprendre Par Étape

 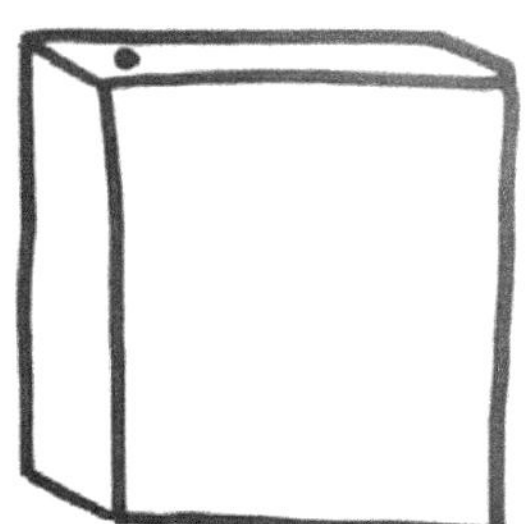

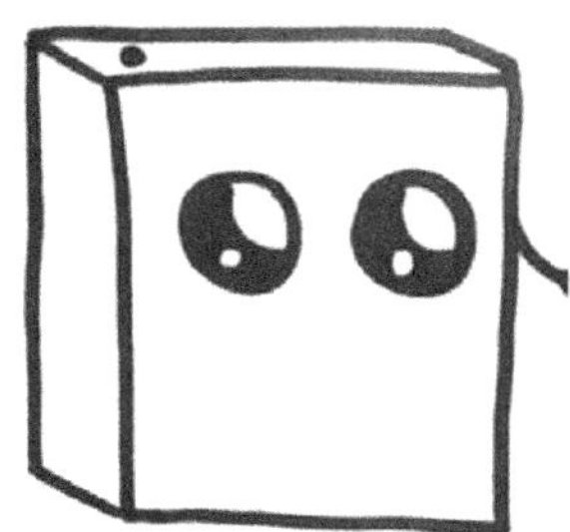 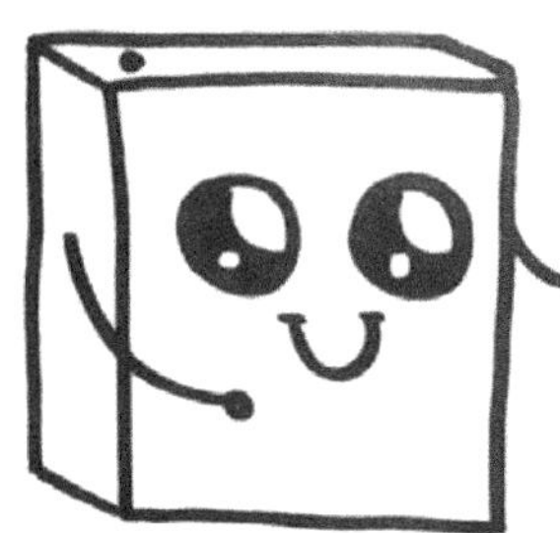

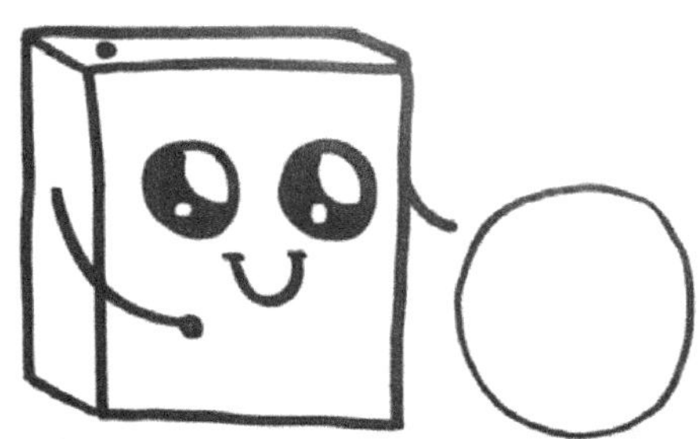 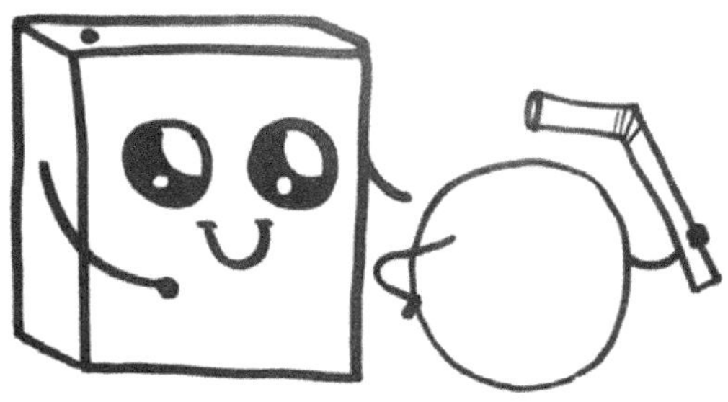

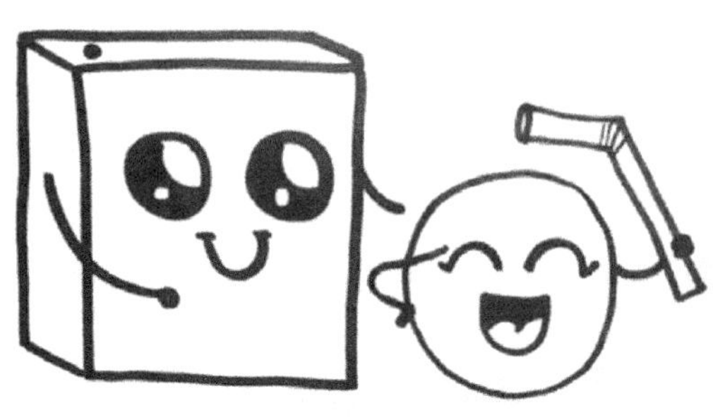 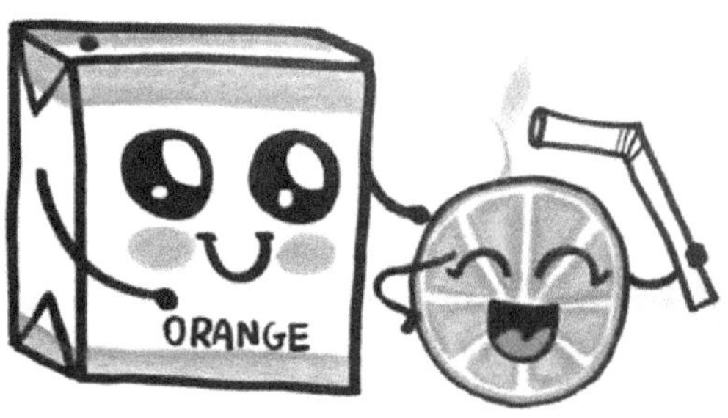

C'est à Votre Tour

C'est à Votre Tour

Apprendre Par Étape

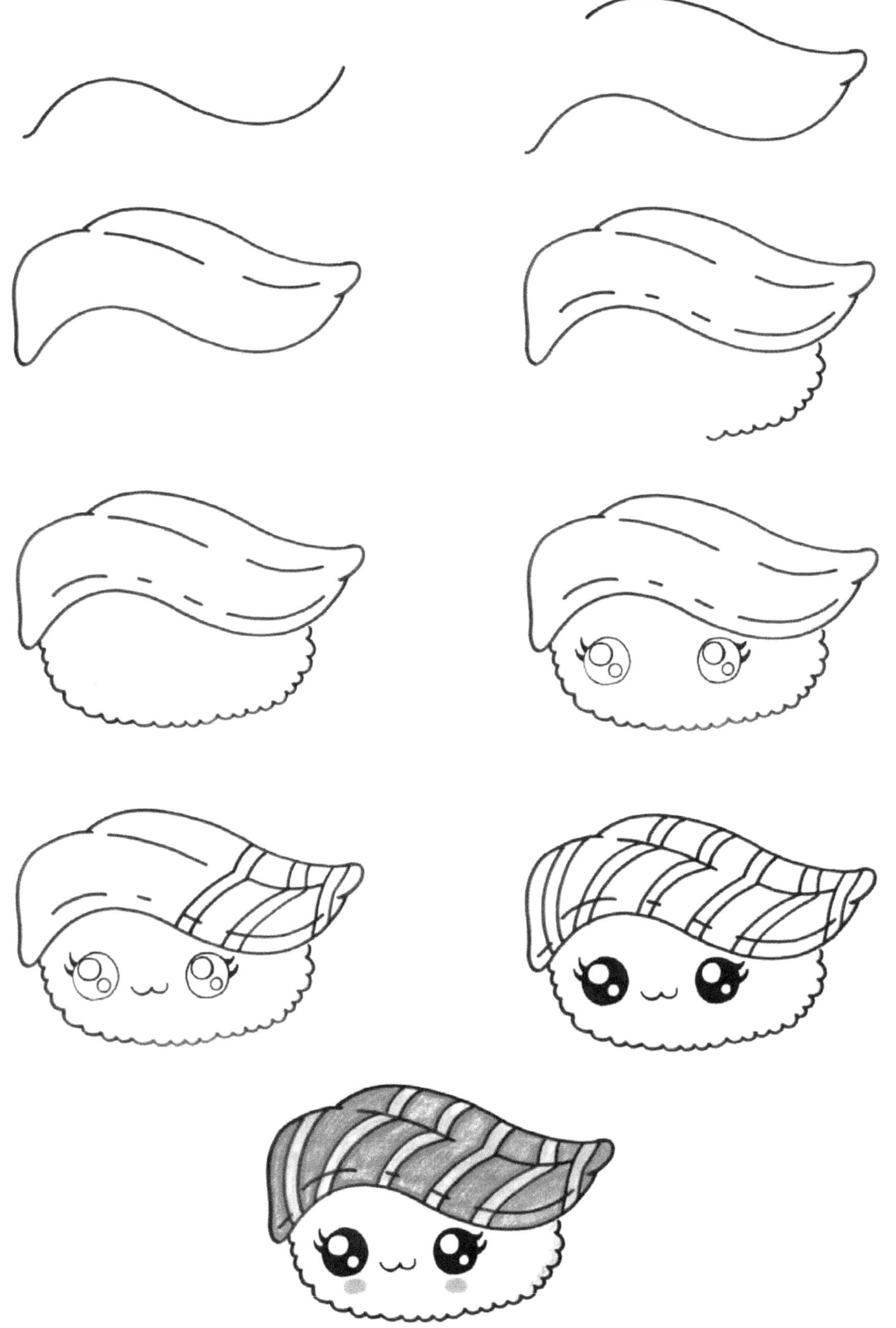

C'est à Votre Tour

Apprendre Par Étape

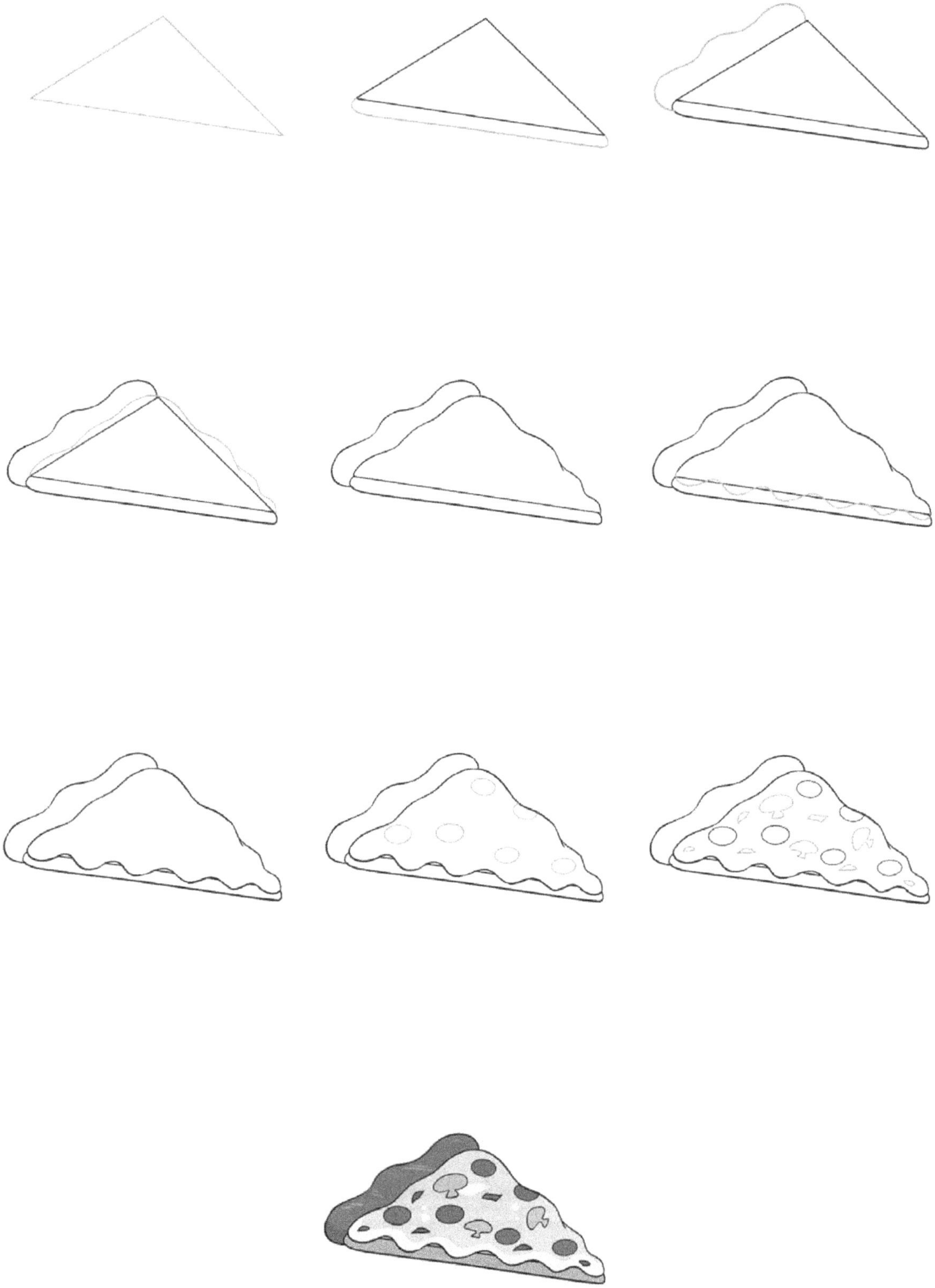

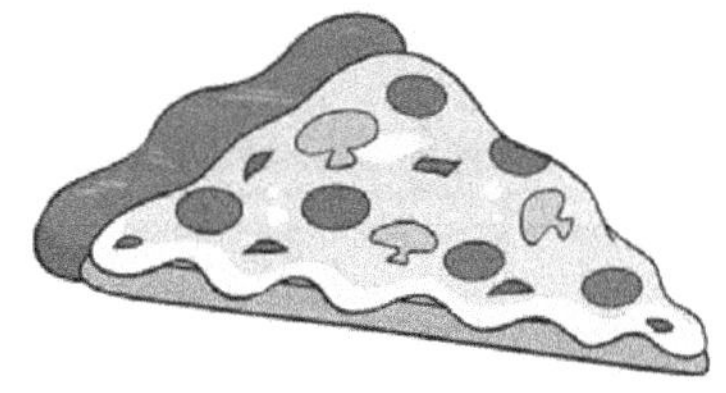

C'est à Votre Tour

Apprendre Par Étape

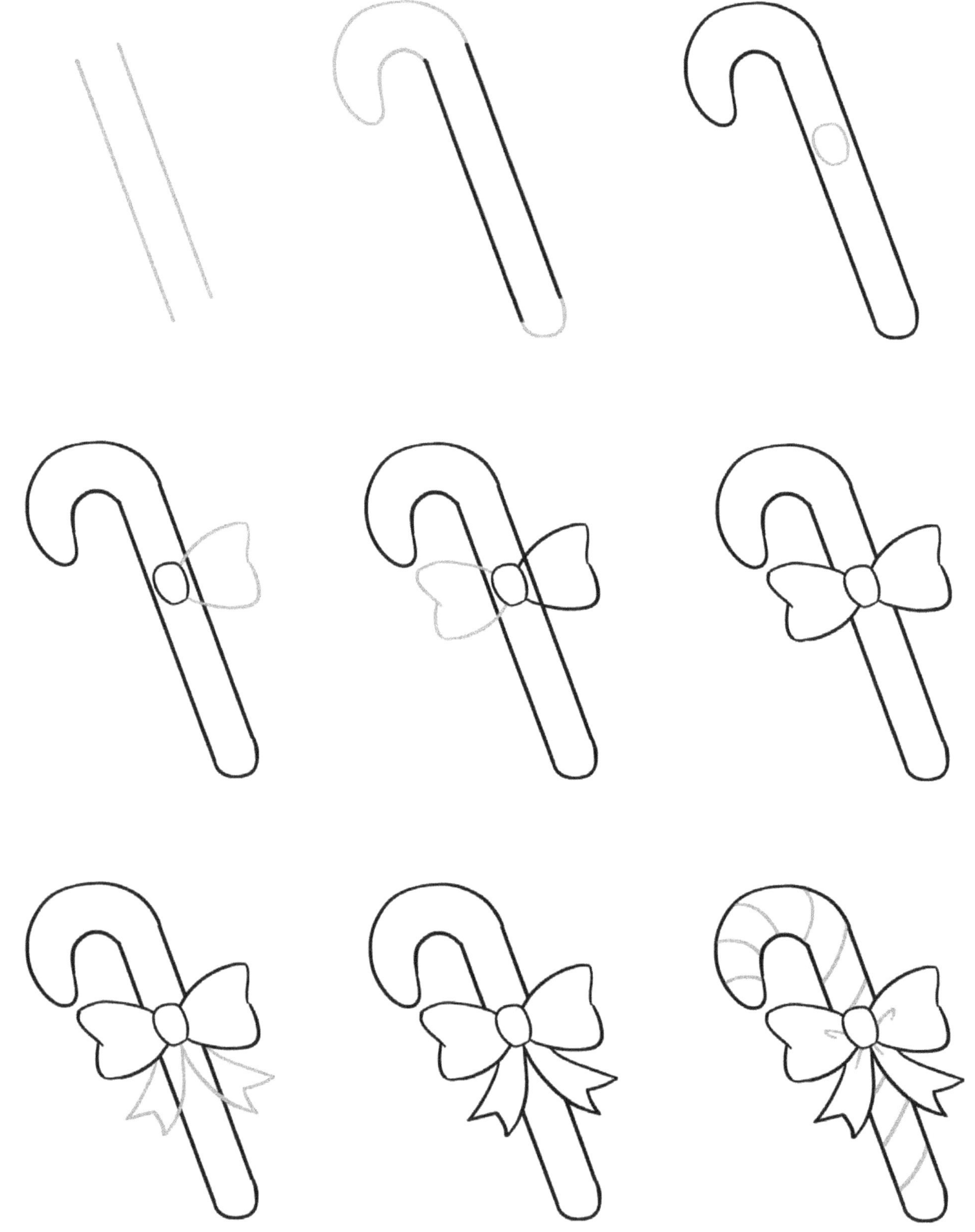

C'est à Votre Tour

Apprendre Par Etape

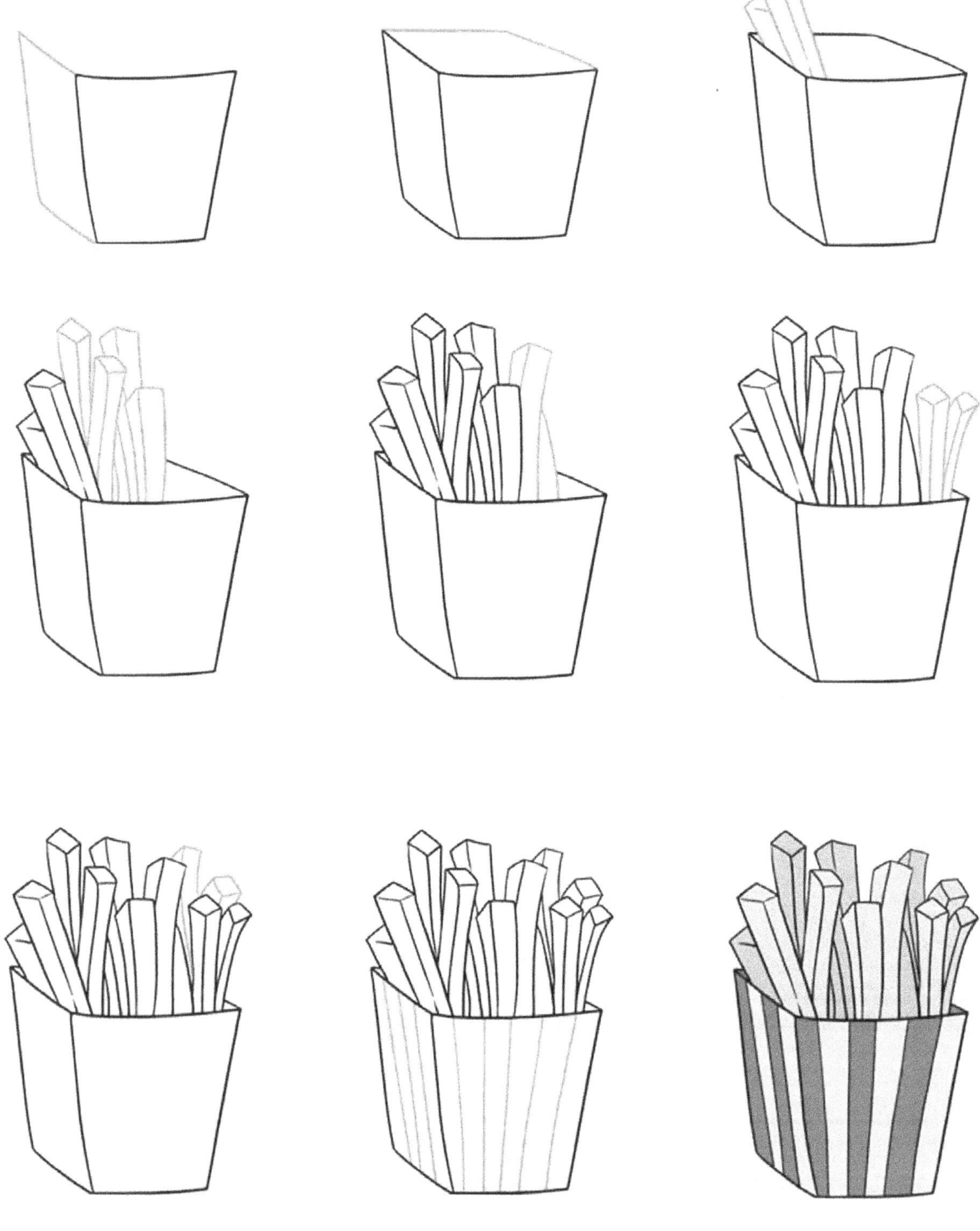

C'est à Votre Tour

Apprendre Par Étape

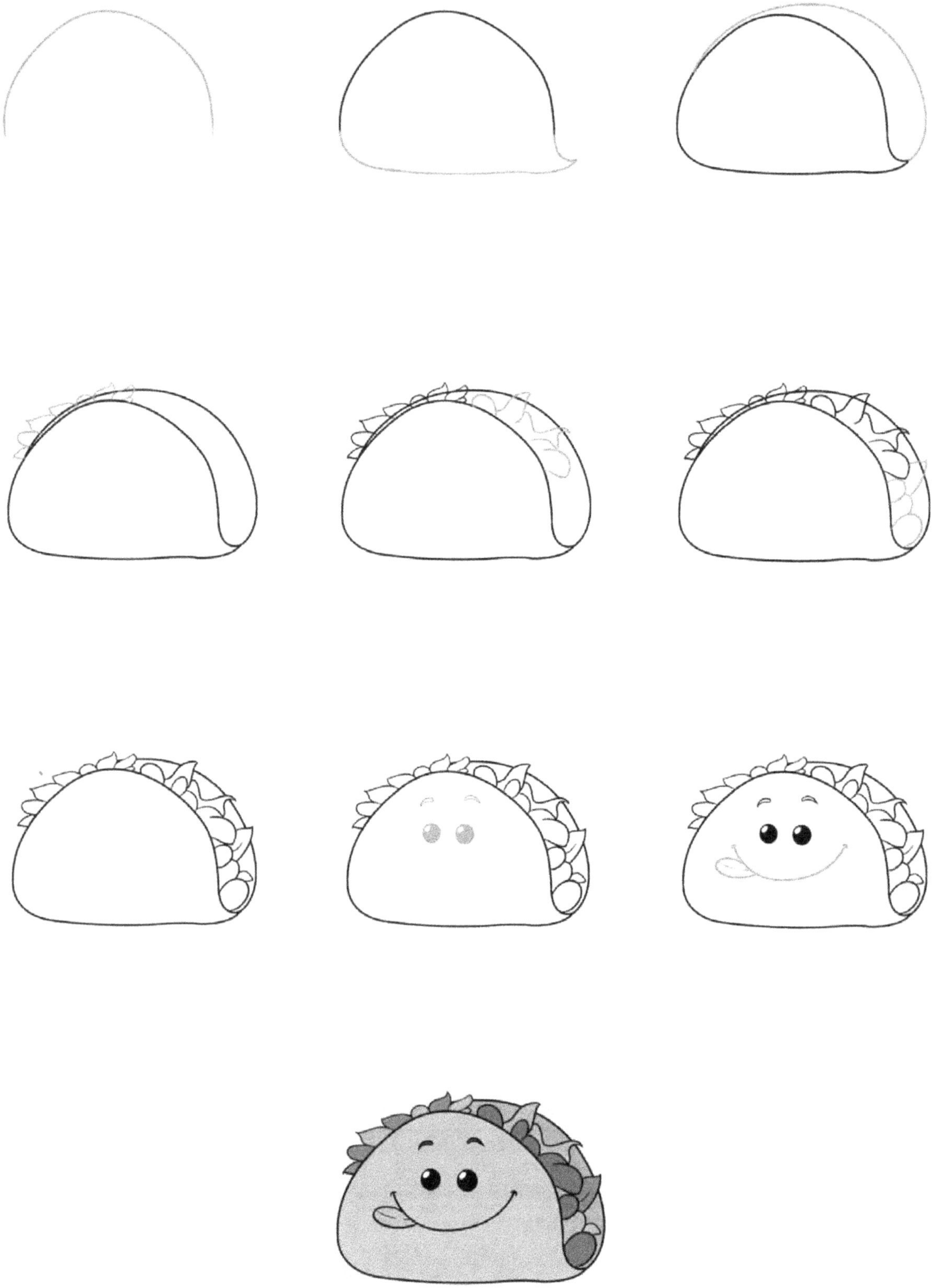

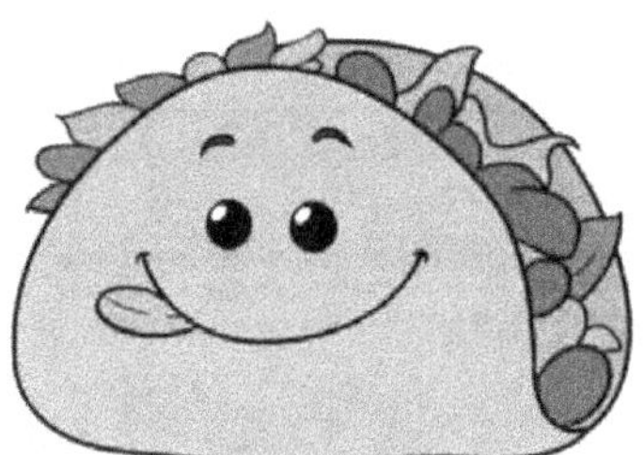

C'est à Votre Tour

C'est à Votre Tour

Apprendre Par Étape

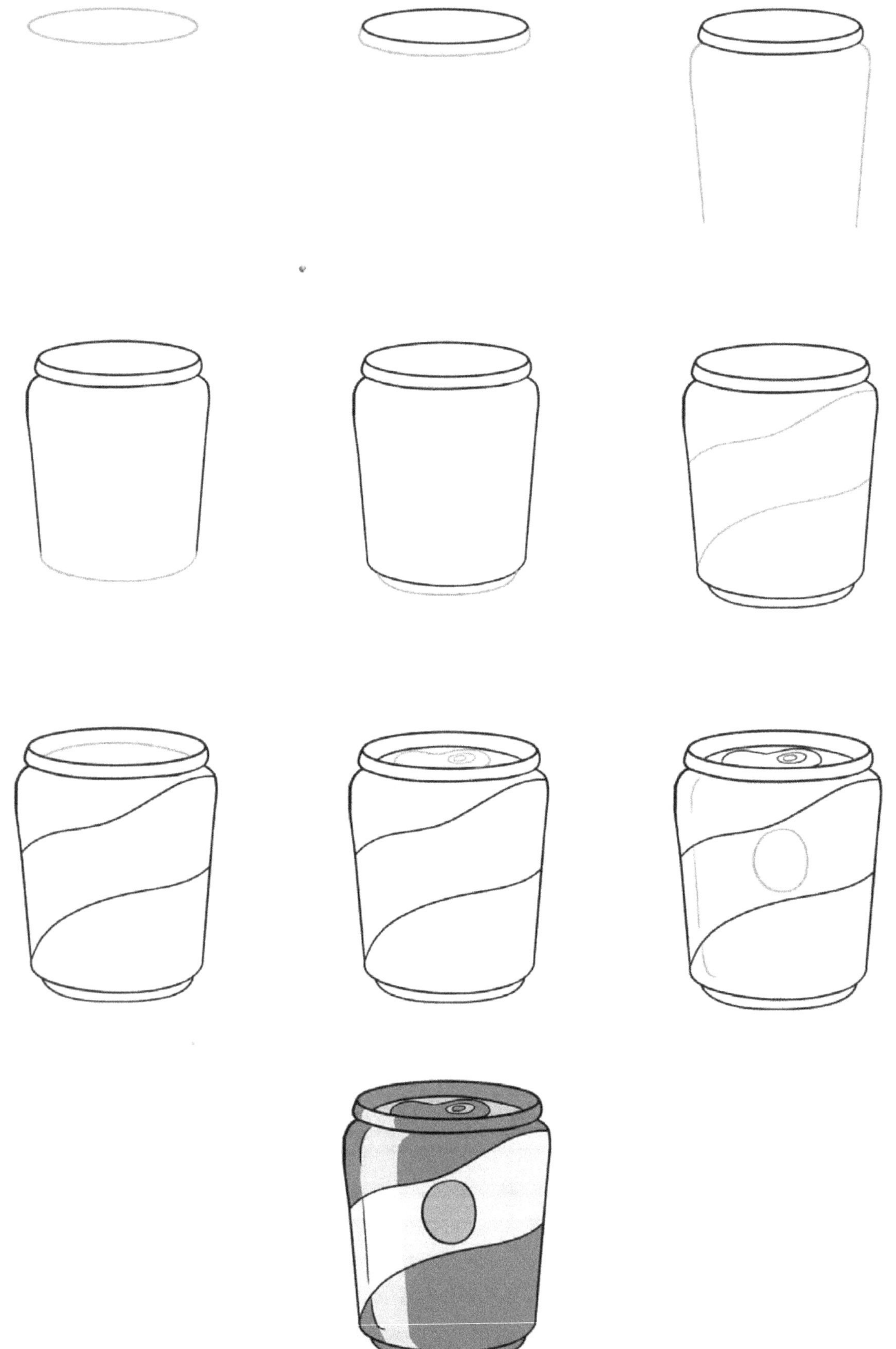

C'est à Votre Tour

Apprendre Par Étape

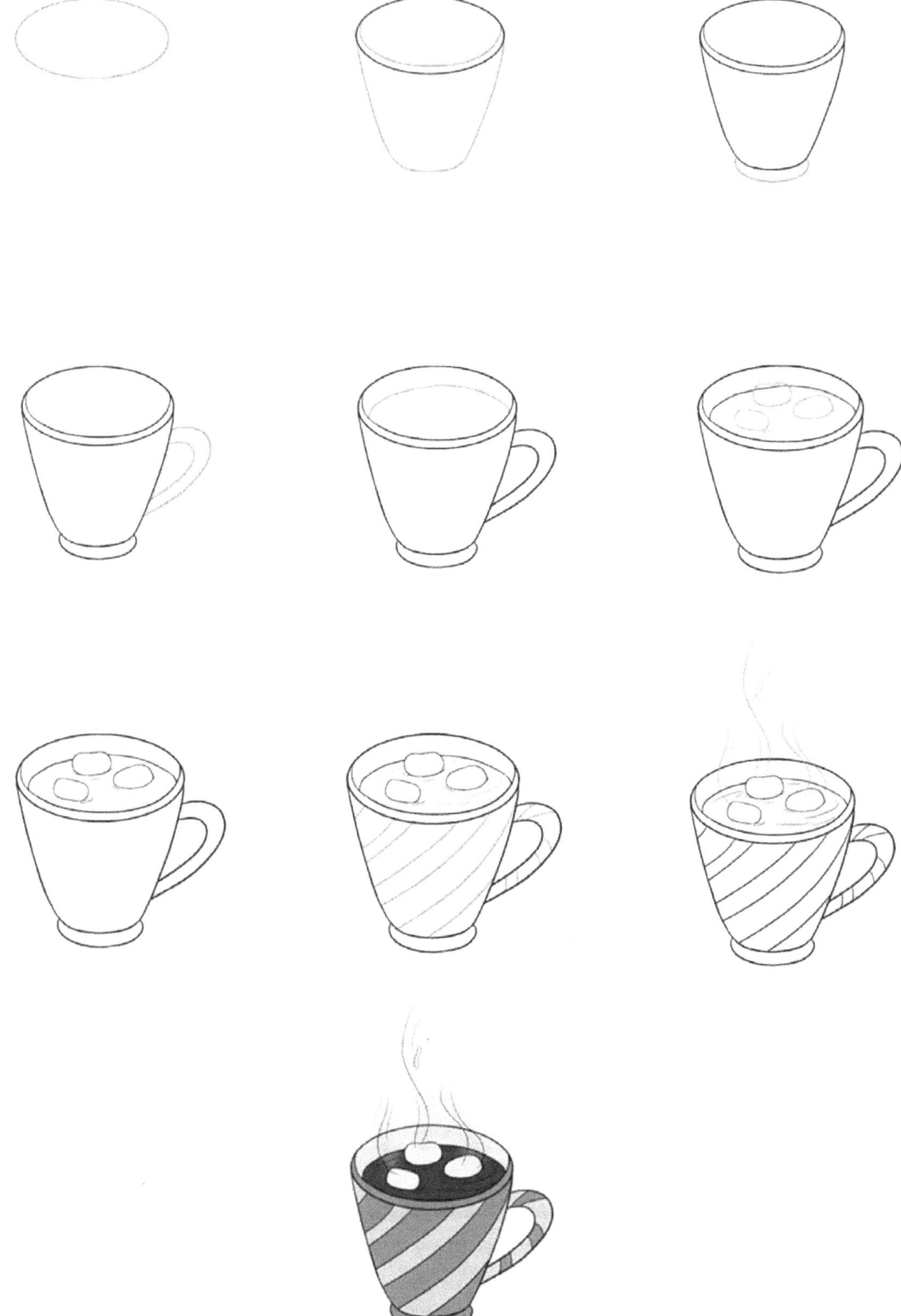

C'est à Votre Tour

C'est à Votre Tour

Apprendre Par Étape

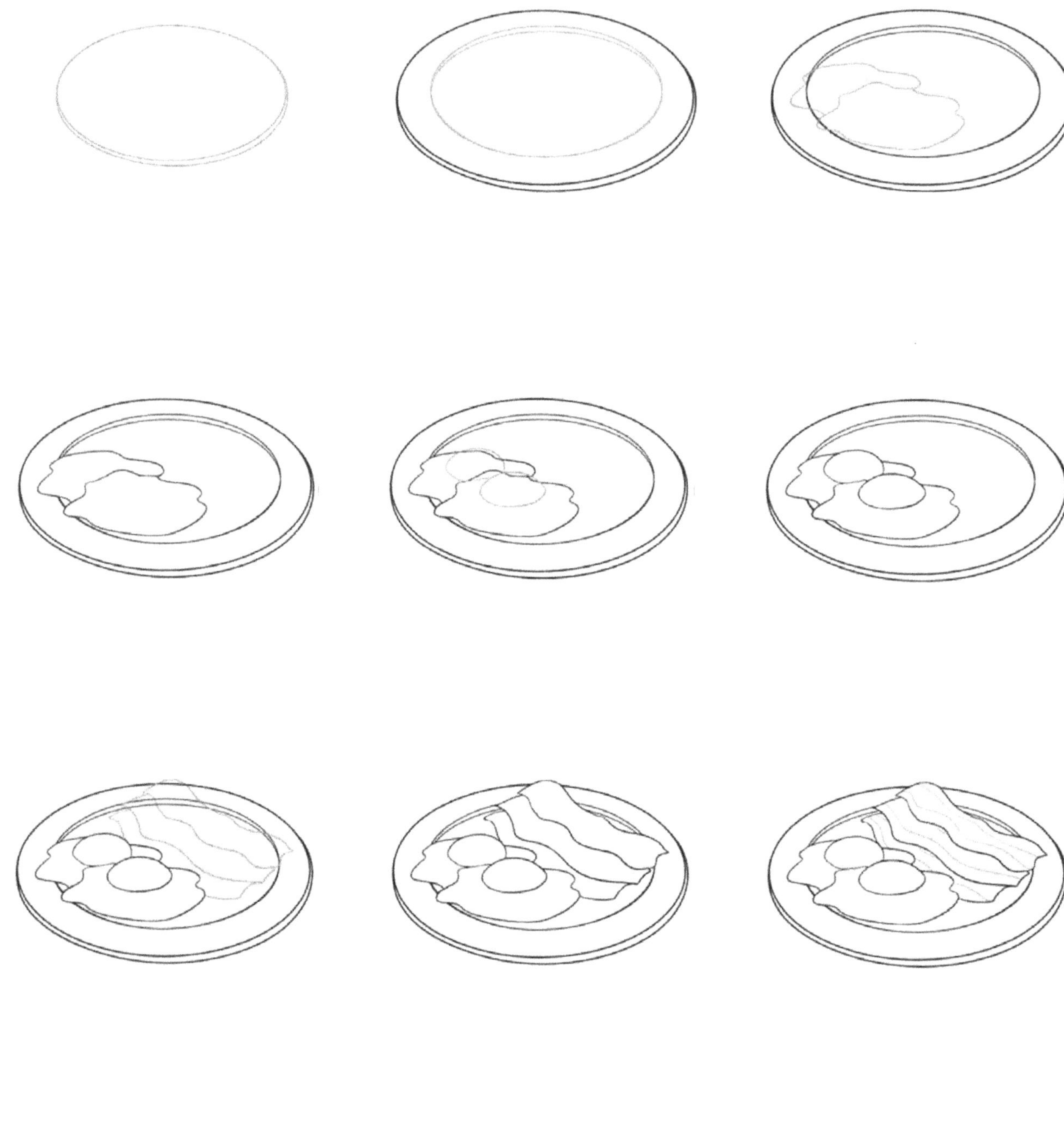

C'est à Votre Tour

Apprendre Par Étape

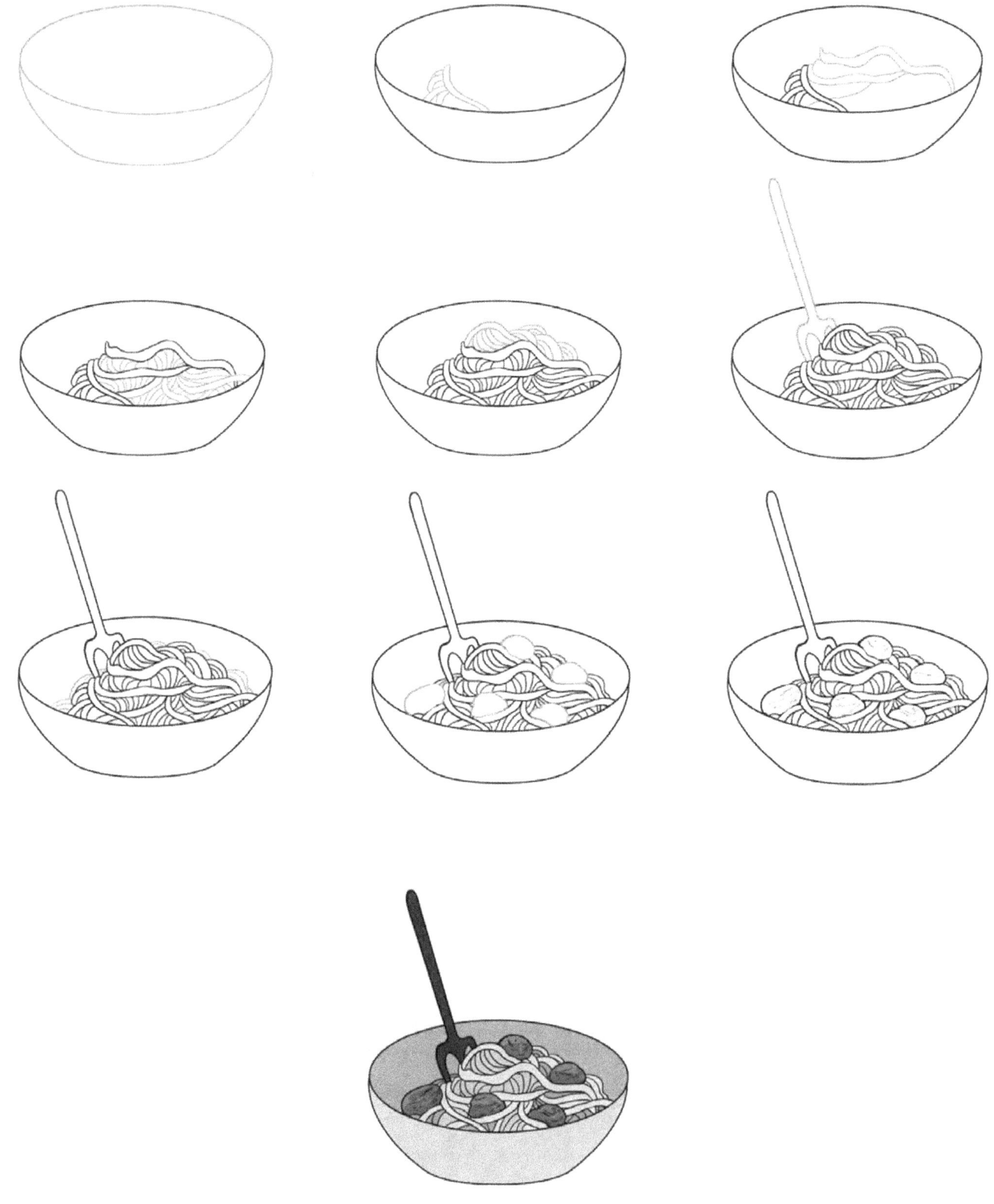

C'est à Votre Tour

Apprendre Par Étape

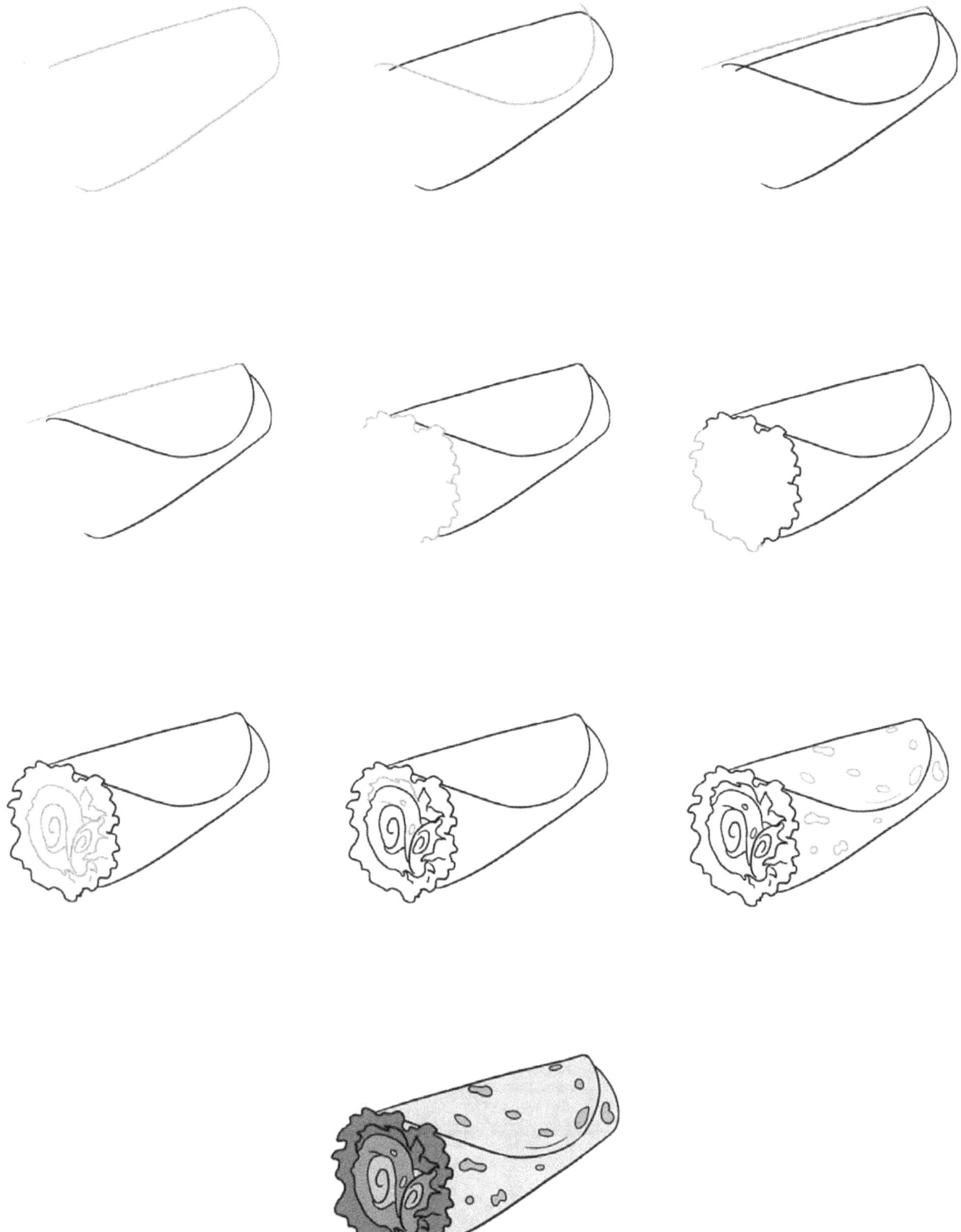

C'est à Votre Tour

Apprendre Par Étape

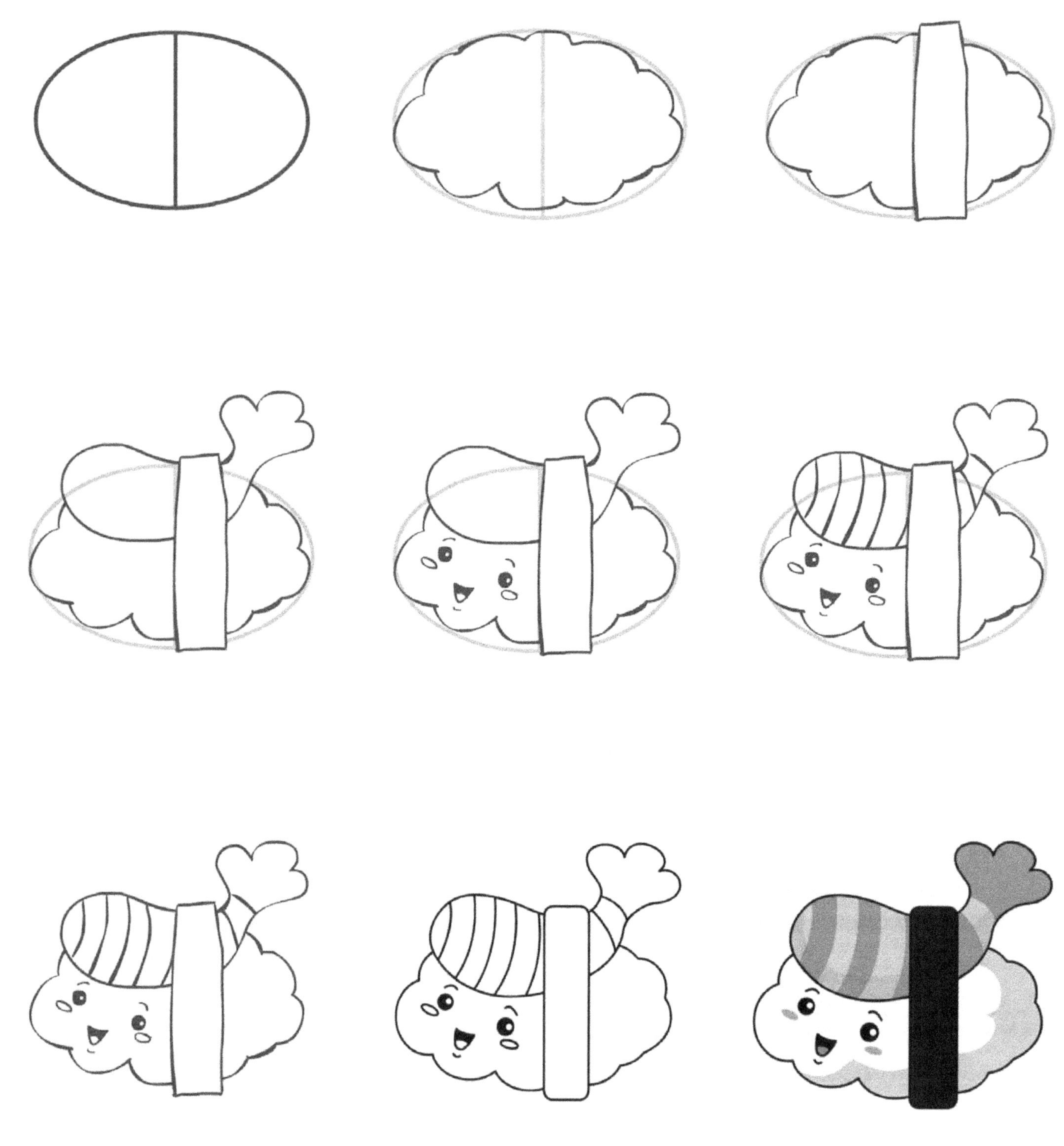

C'est à Votre Tour

Apprendre Par Étape

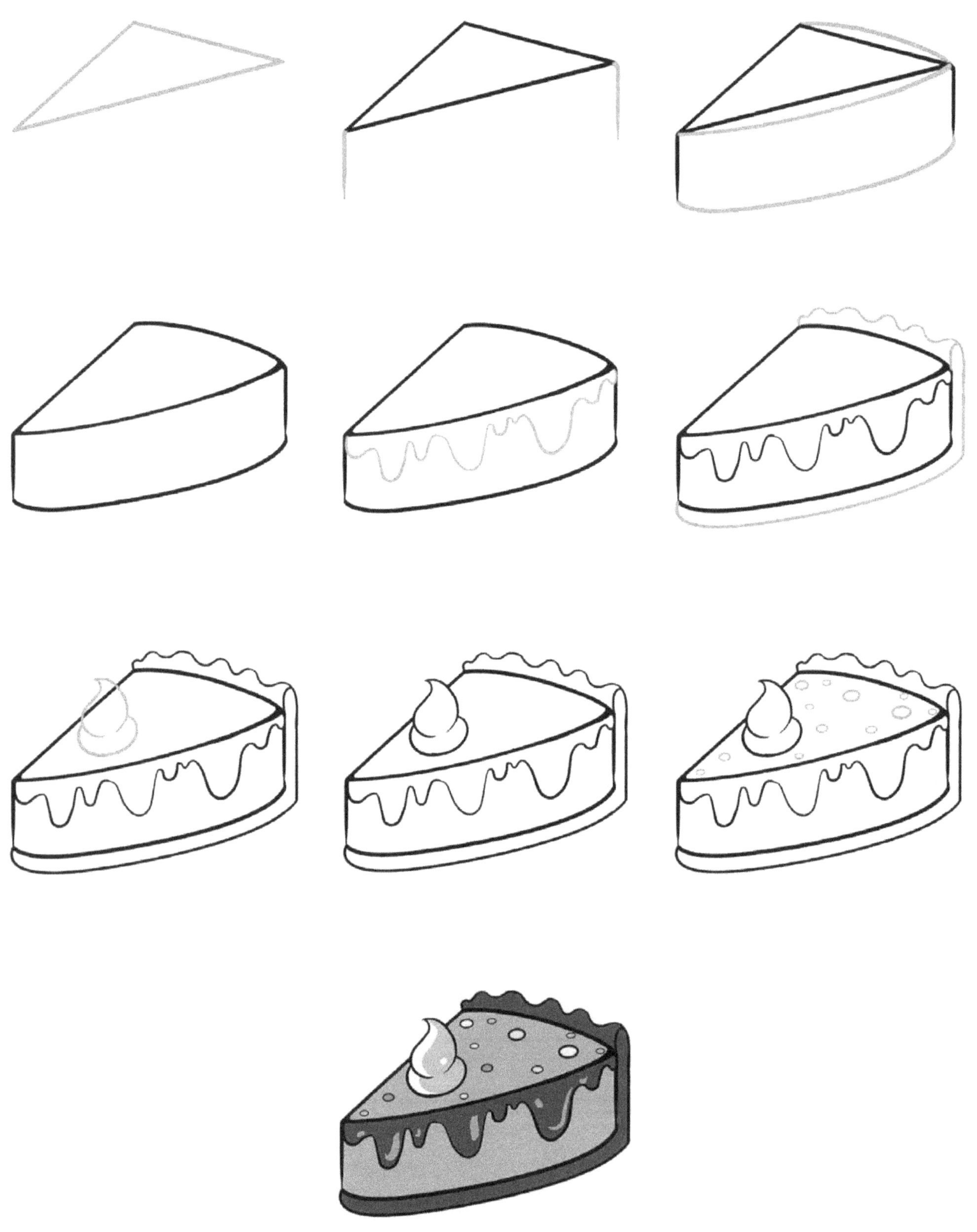

C'est à Votre Tour

Apprendre Par Étape

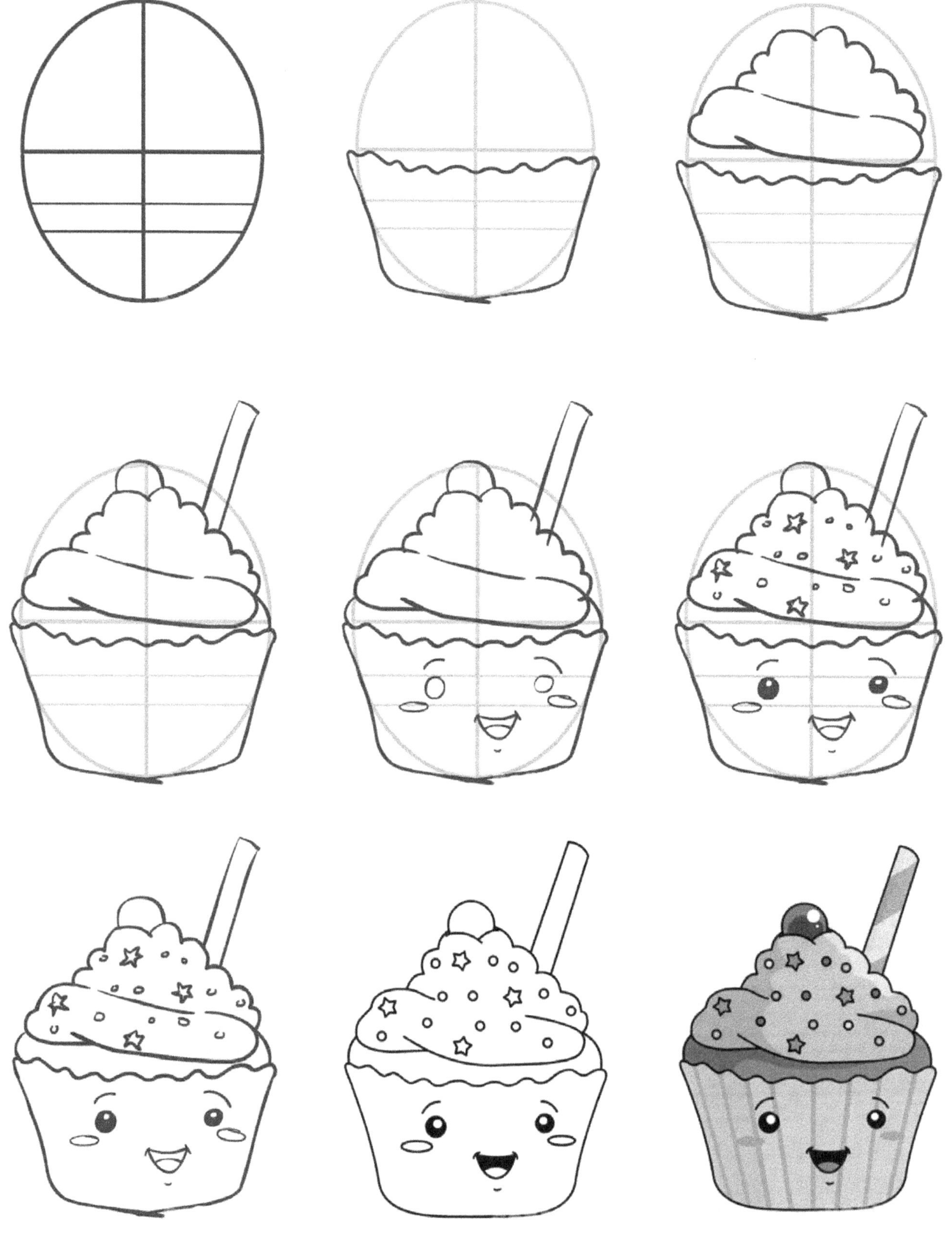

C'est à Votre Tour

Apprendre Par Étape

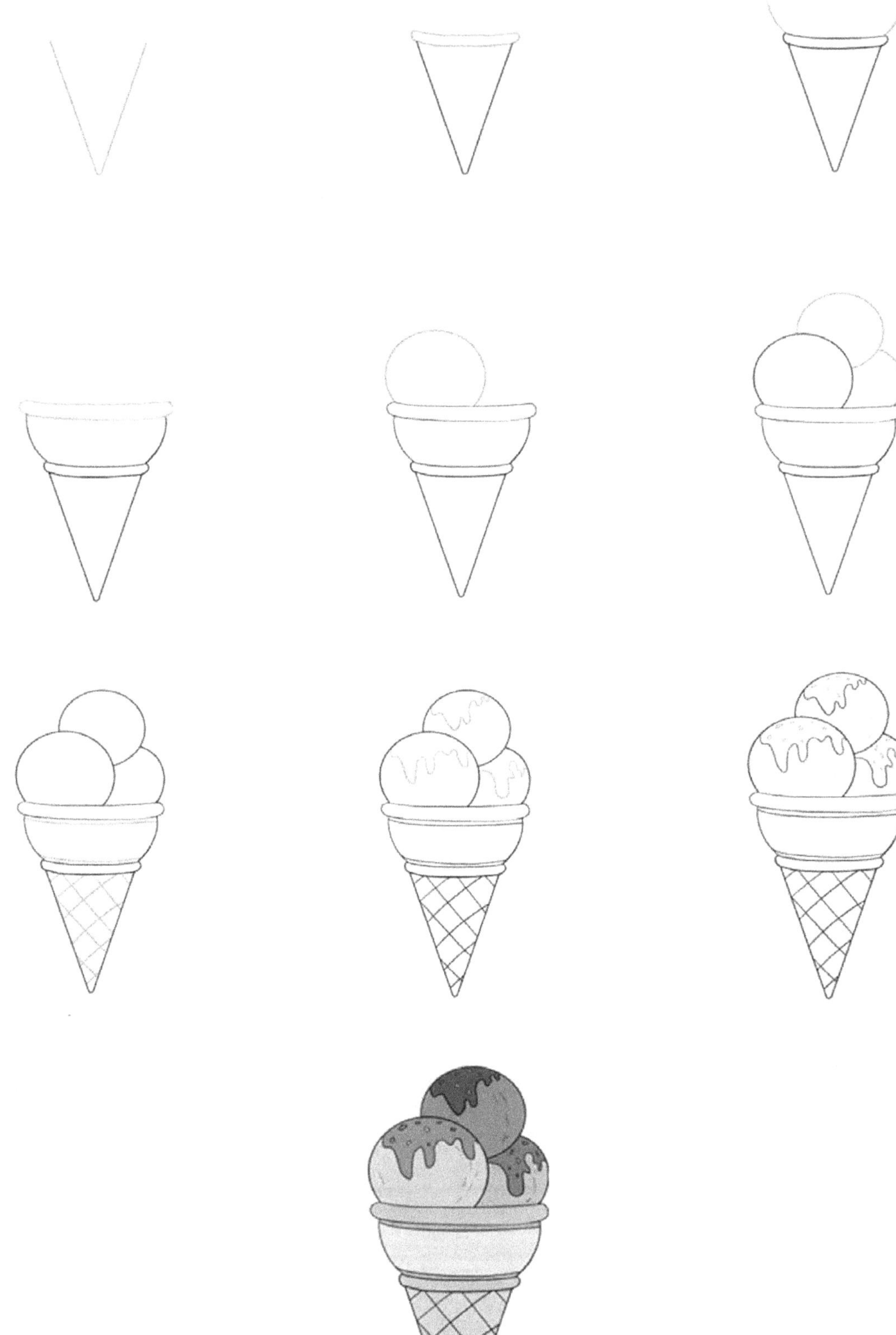

C'est à Votre Tour

Apprendre Par Étape

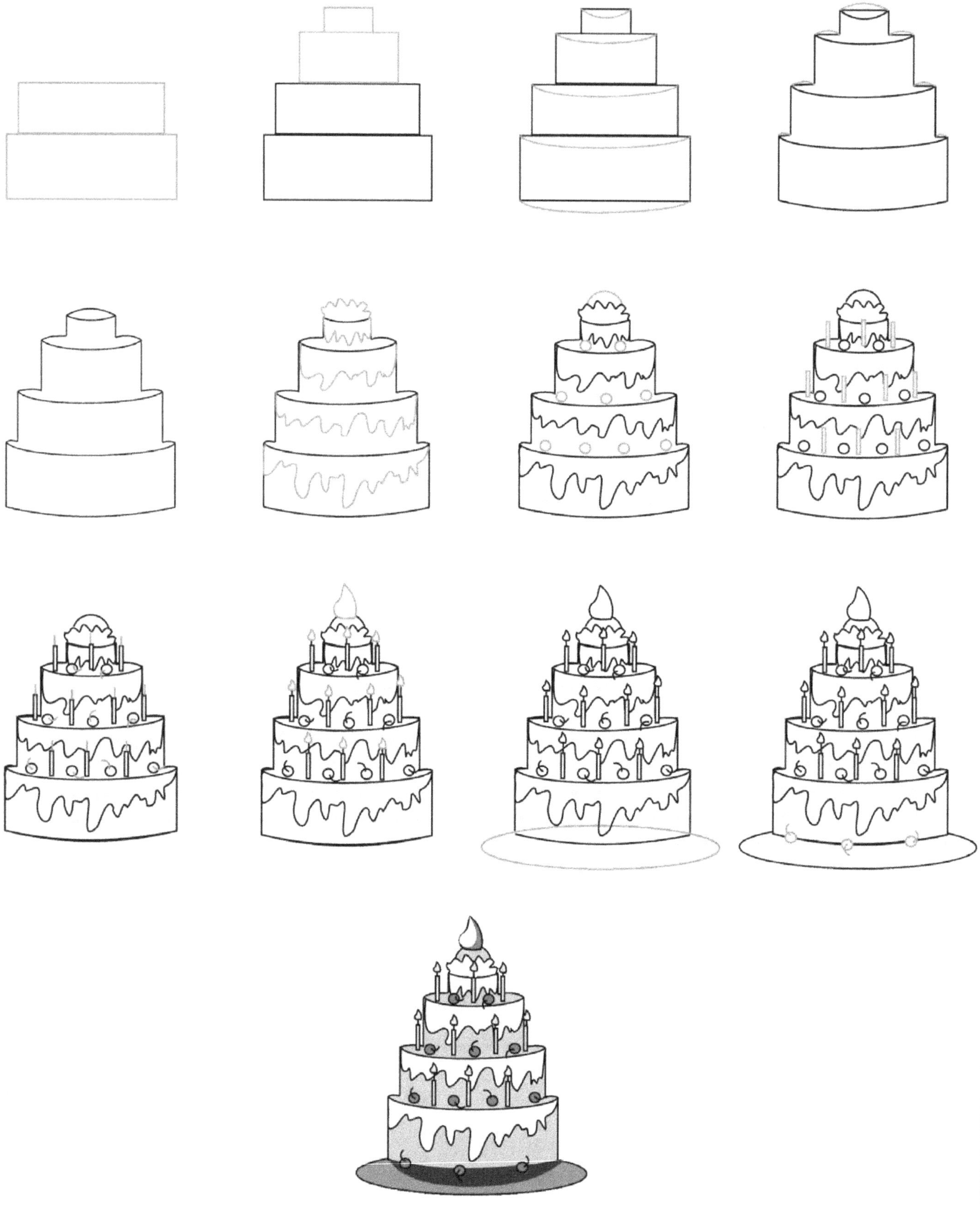

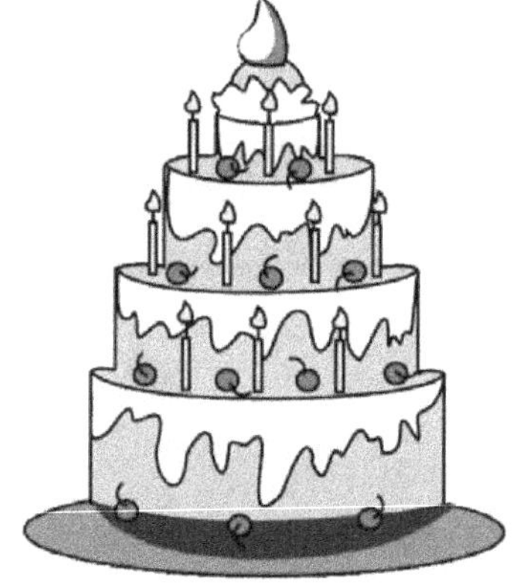

C'est à Votre Tour

Apprendre Par Étape

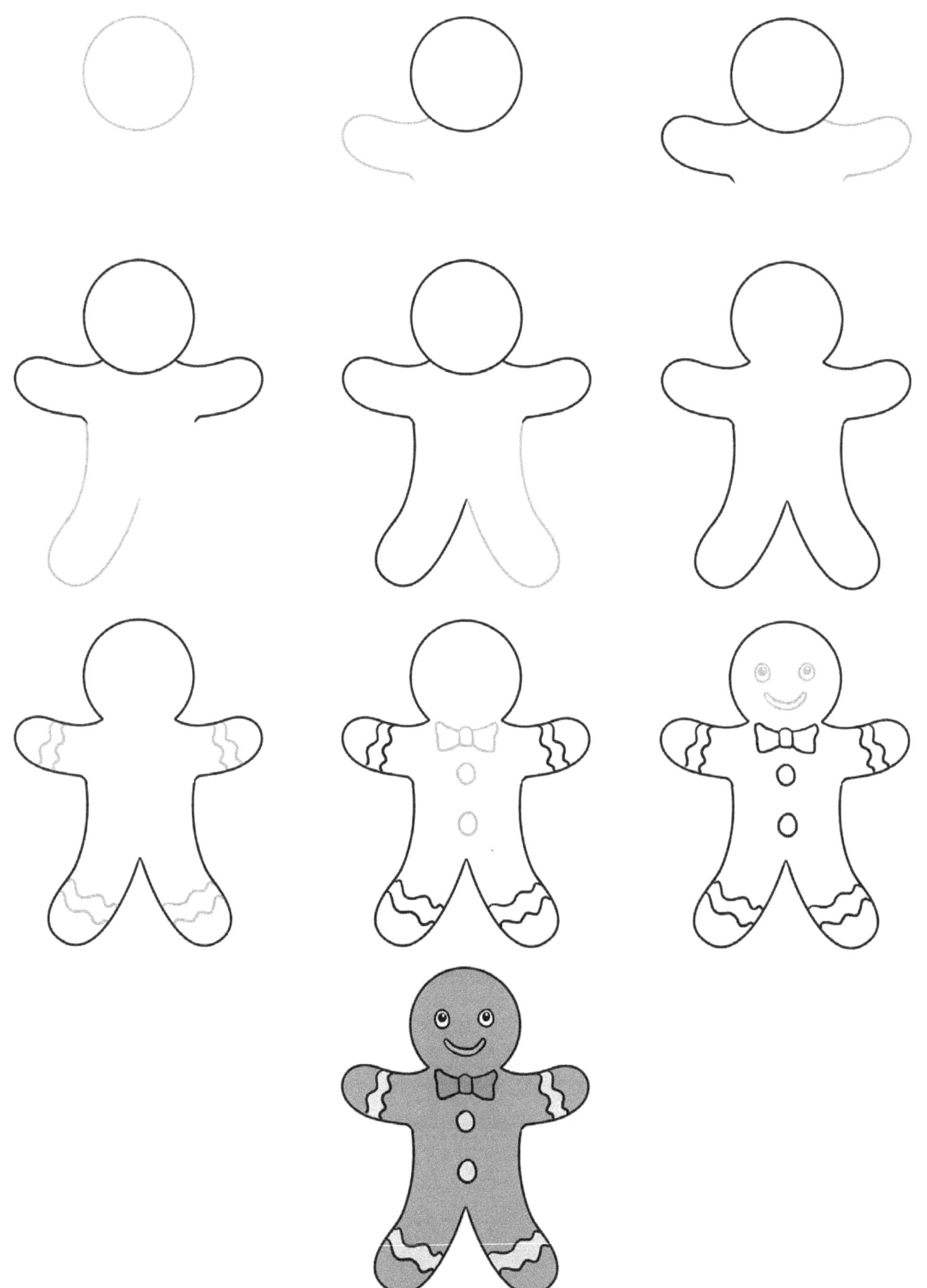

C'est à Votre Tour

Apprendre Par Étape

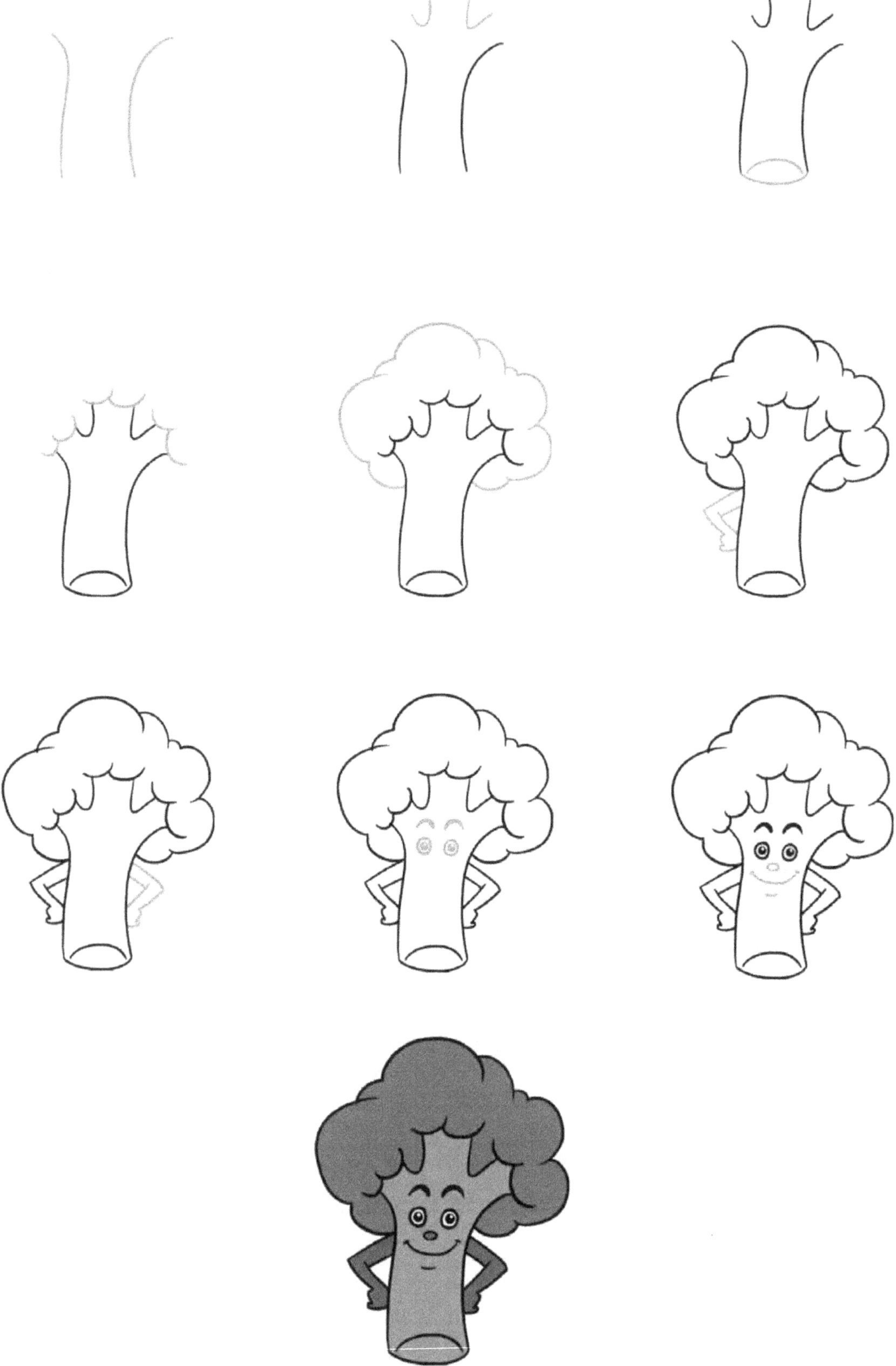

C'est à Votre Tour

Apprendre Par Étape

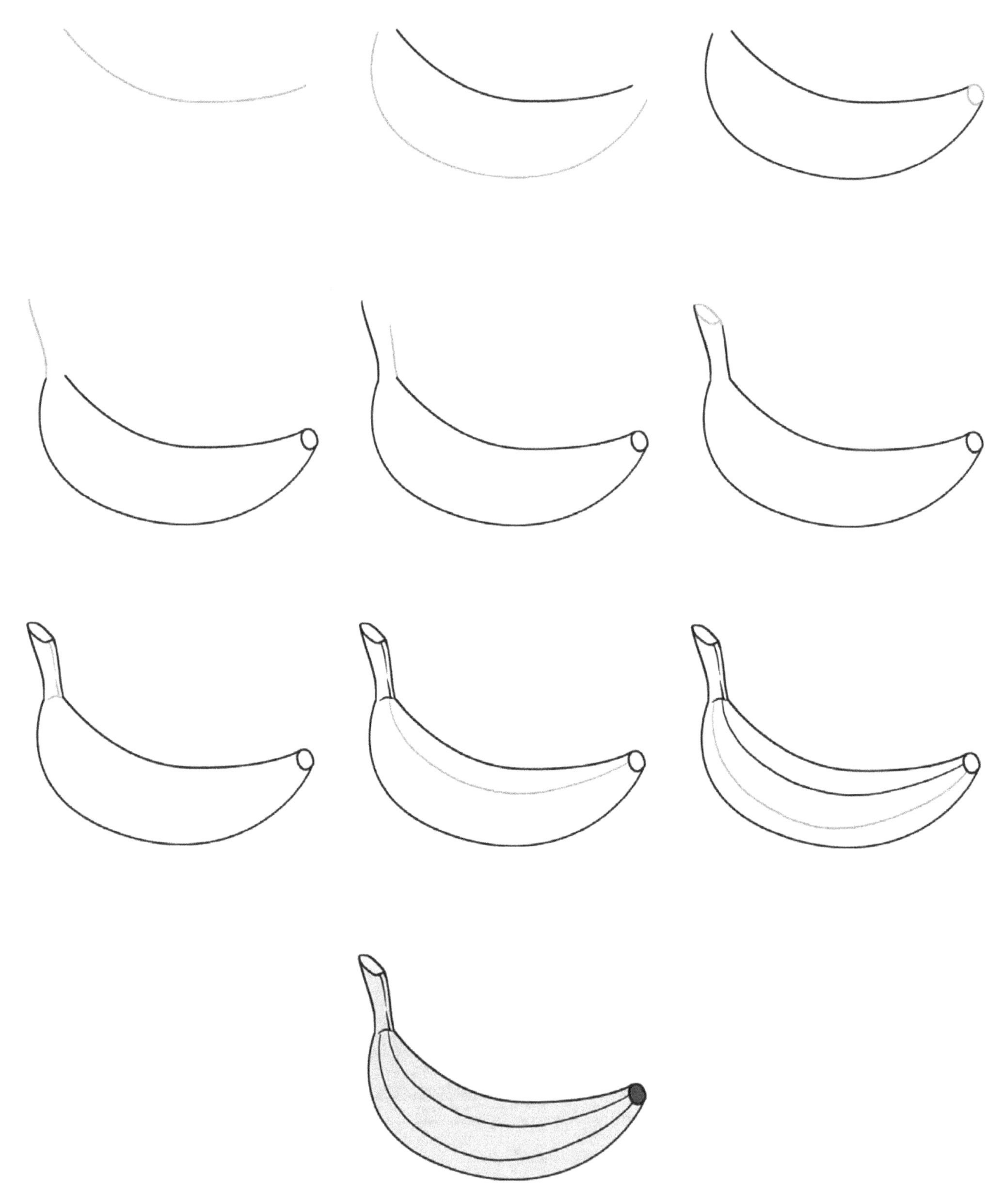

C'est à Votre Tour

Apprendre Par Étape

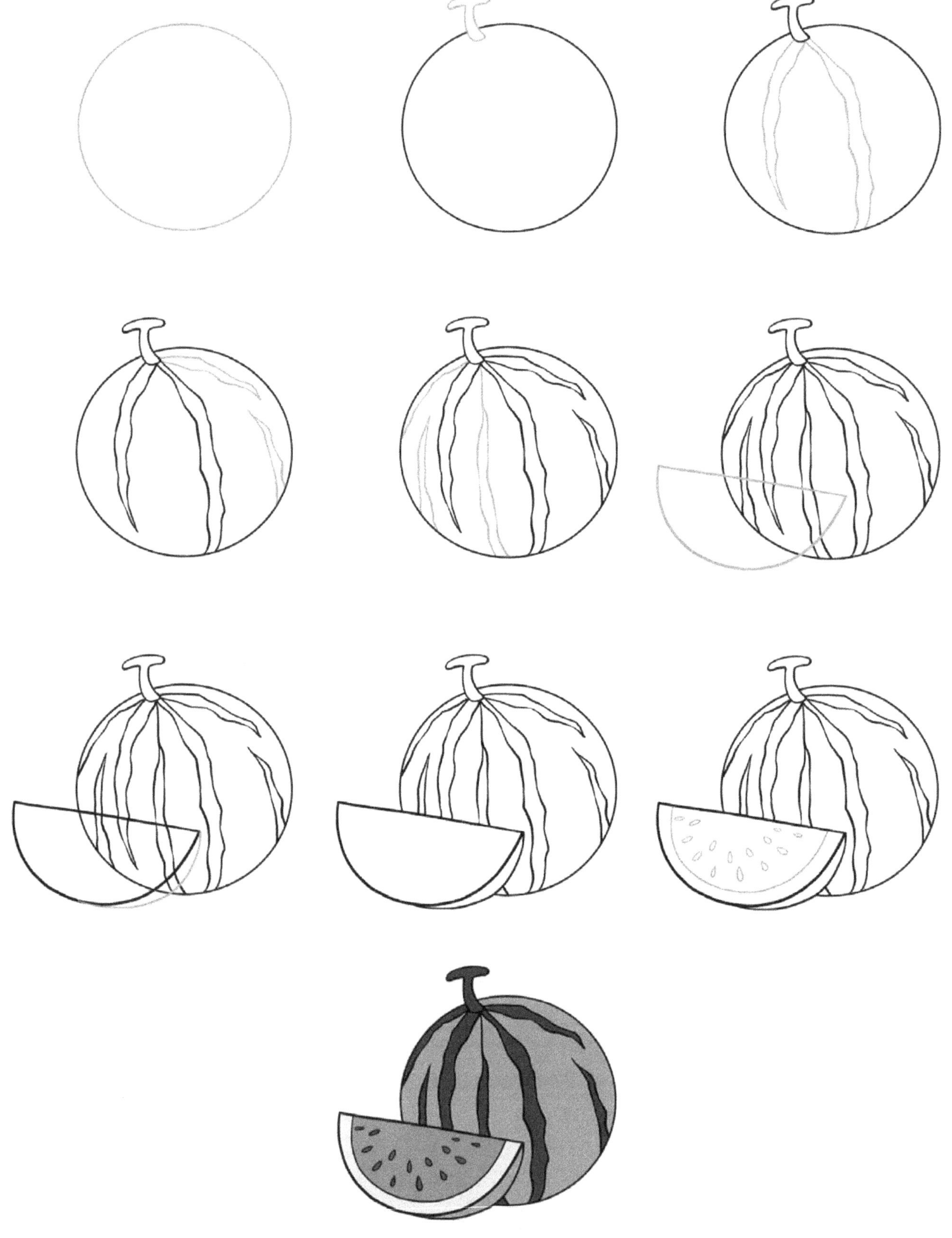

C'est à Votre Tour

Apprendre Par Étape

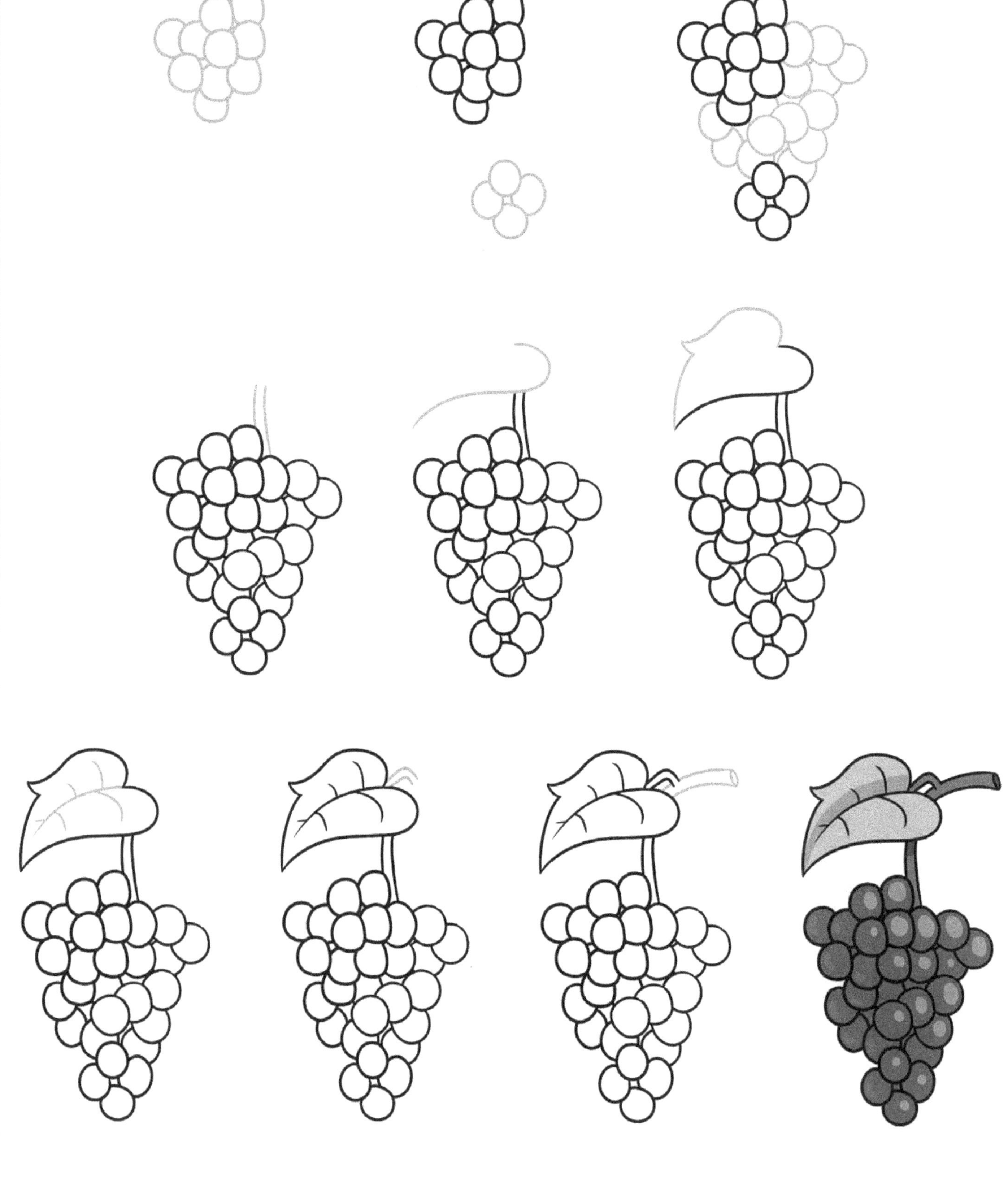

C'est à Votre Tour

Apprendre Par Étape

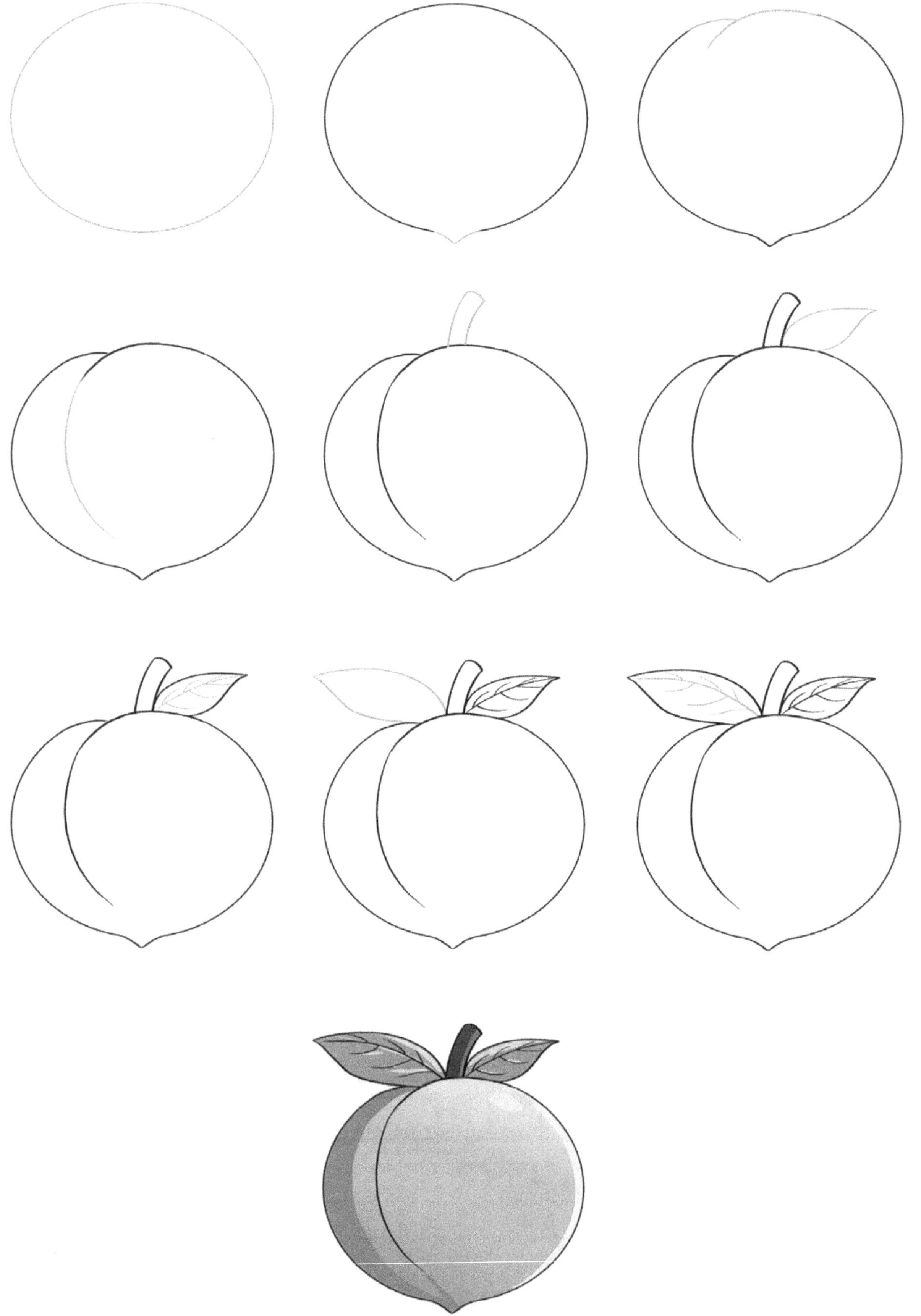

C'est à Votre Tour

Apprendre Par Étape

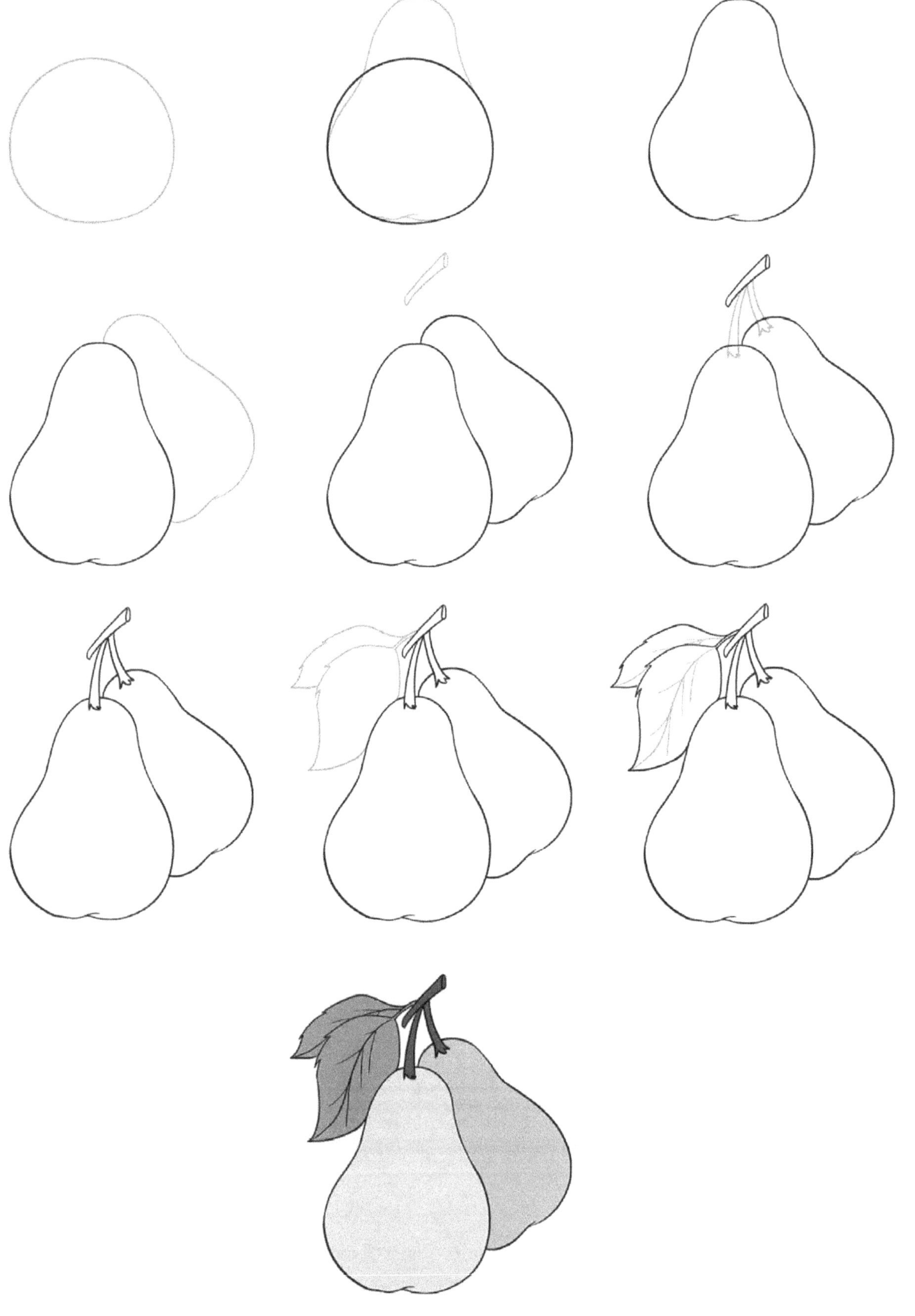

C'est à Votre Tour

C'est à Votre Tour

Apprendre Par Étape

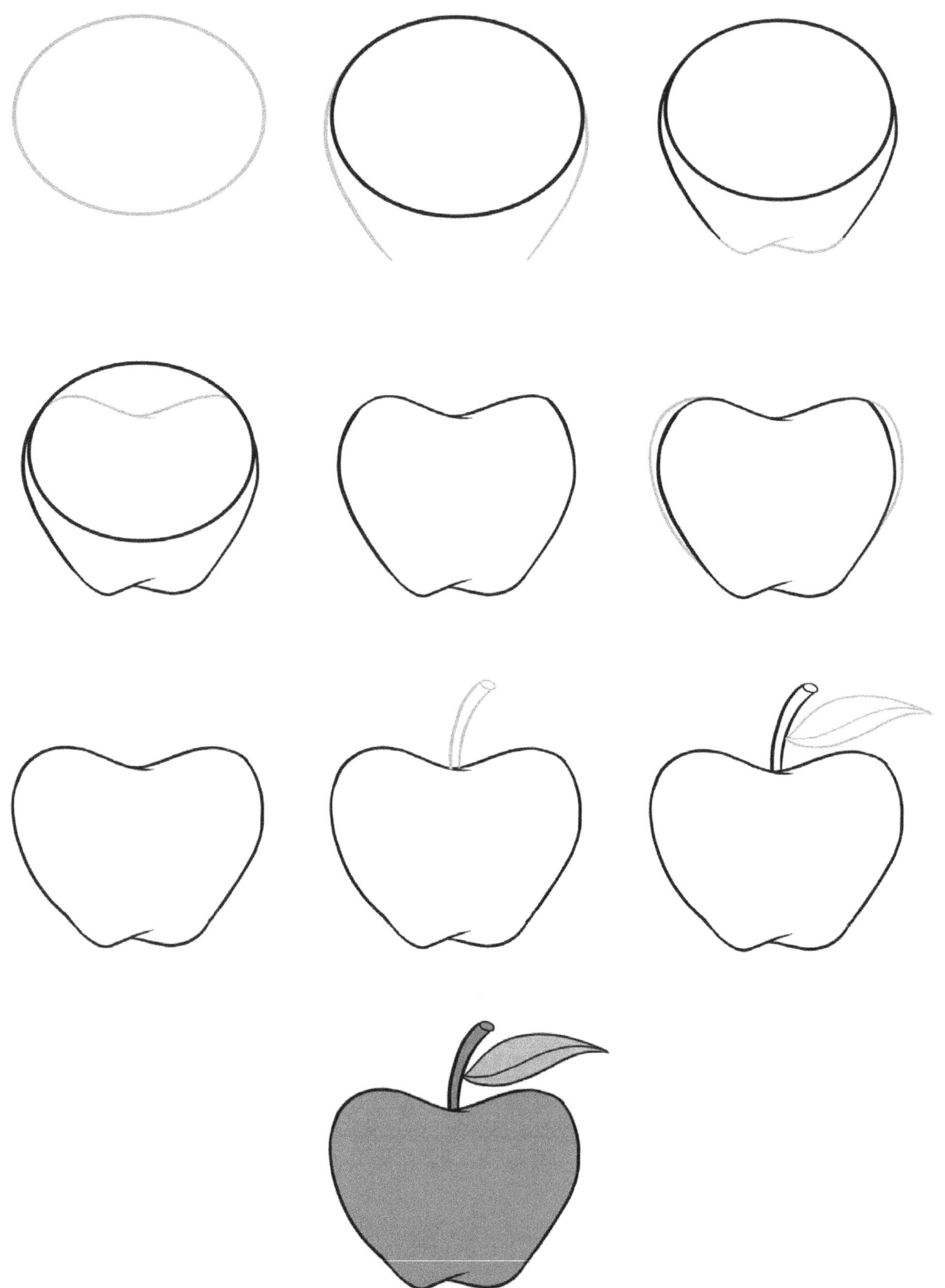

C'est à Votre Tour

Apprendre Par Étape

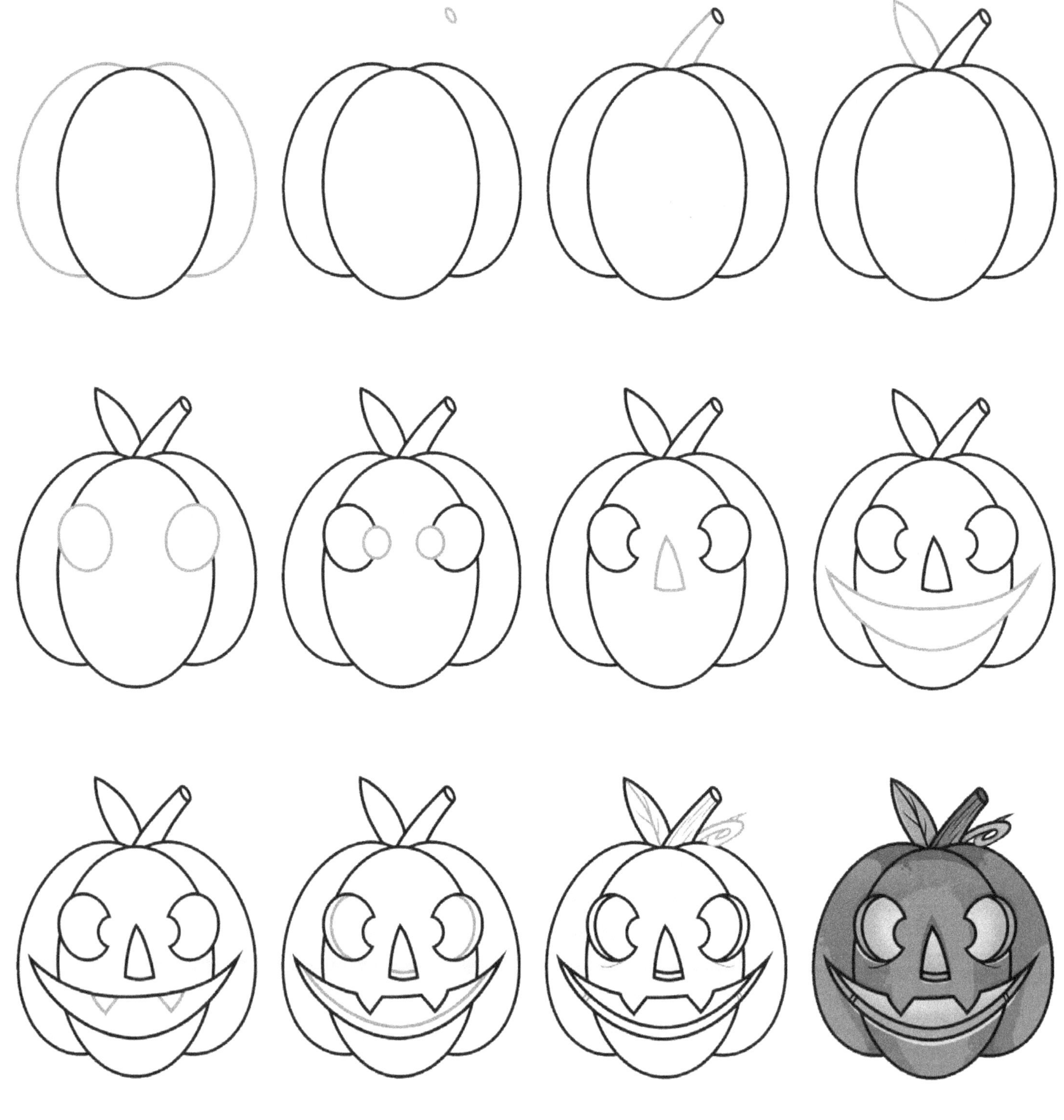

C'est à Votre Tour

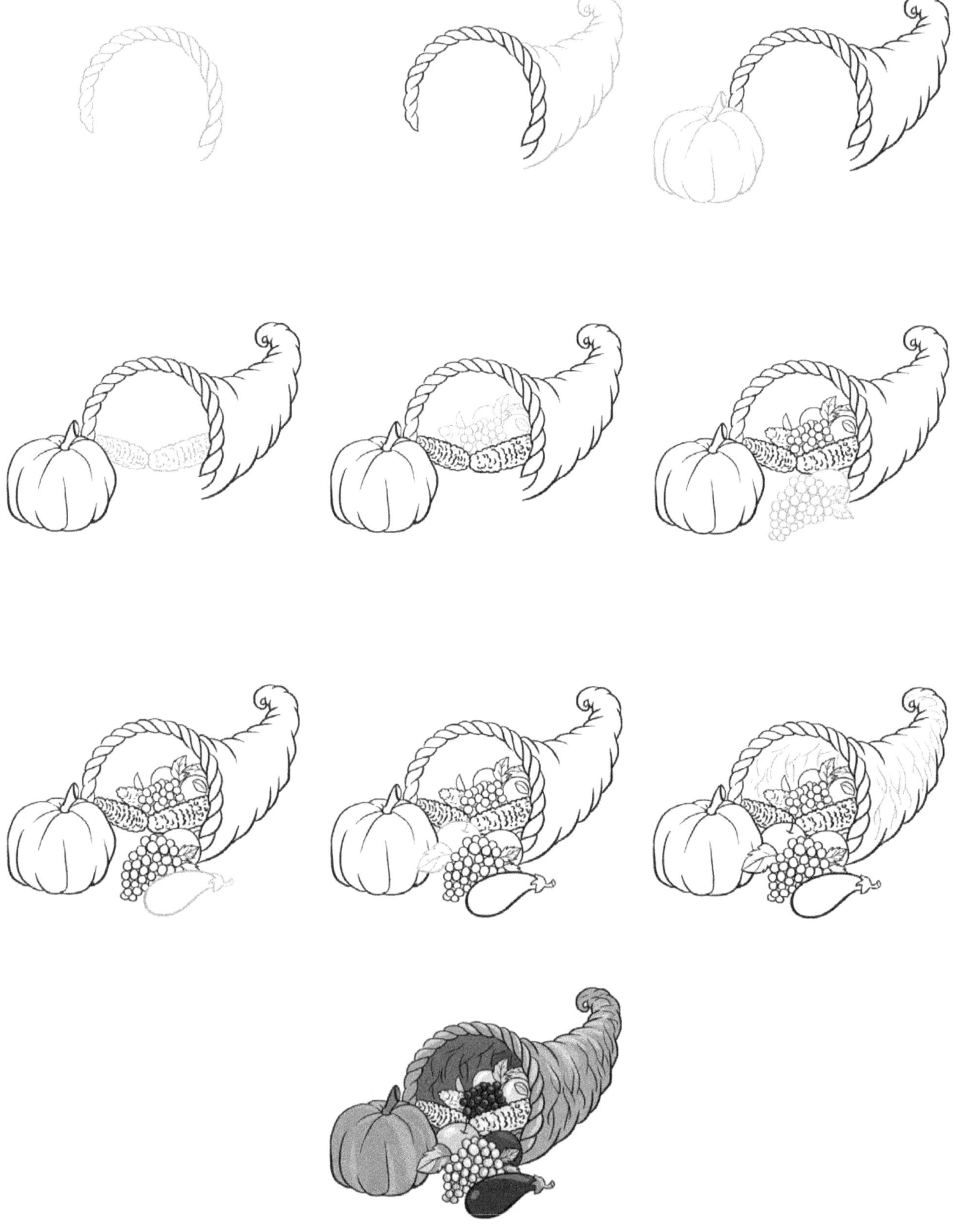

C'est à Votre Tour

Apprendre Par Étape

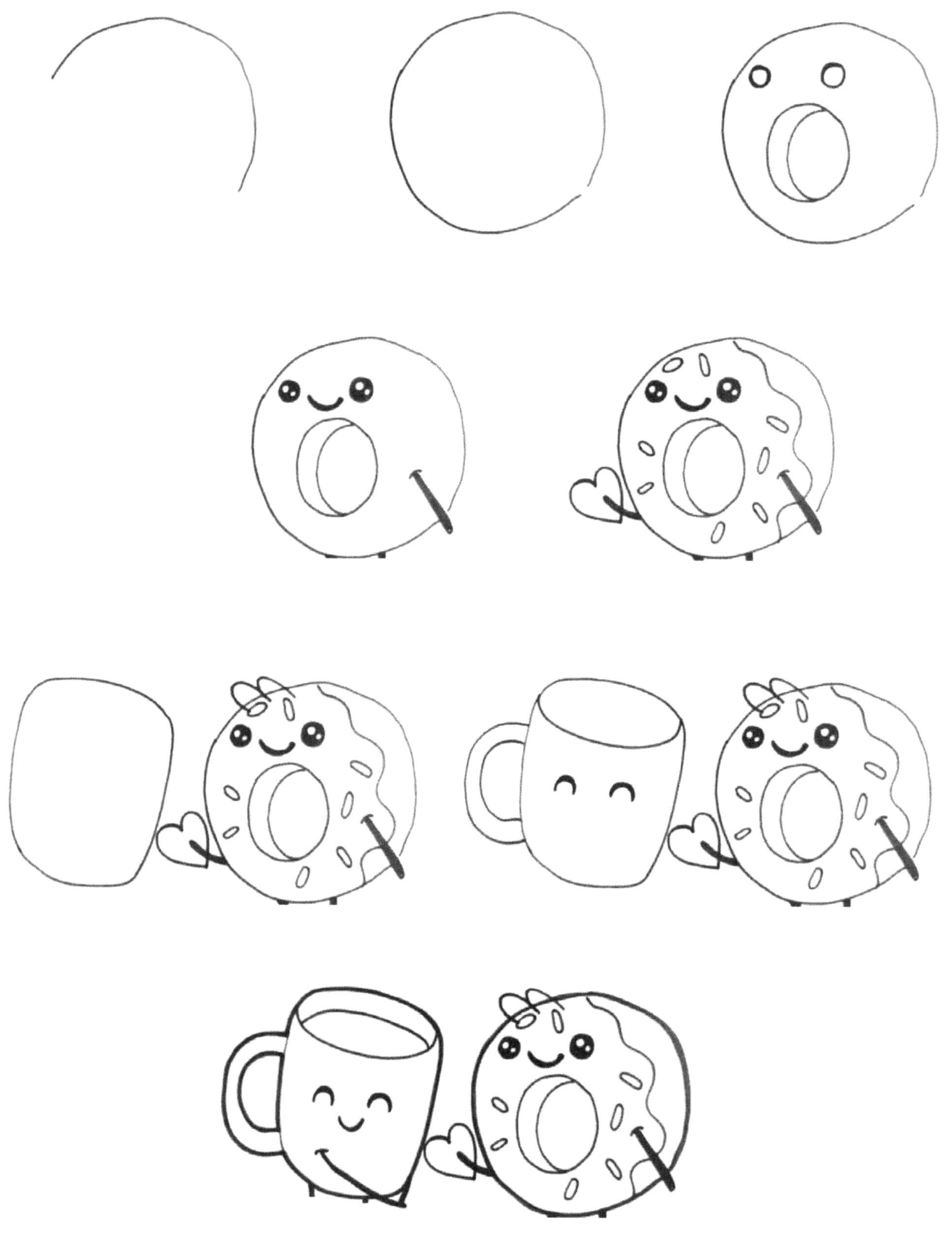

C'est à Votre Tour

Apprendre Par Étape

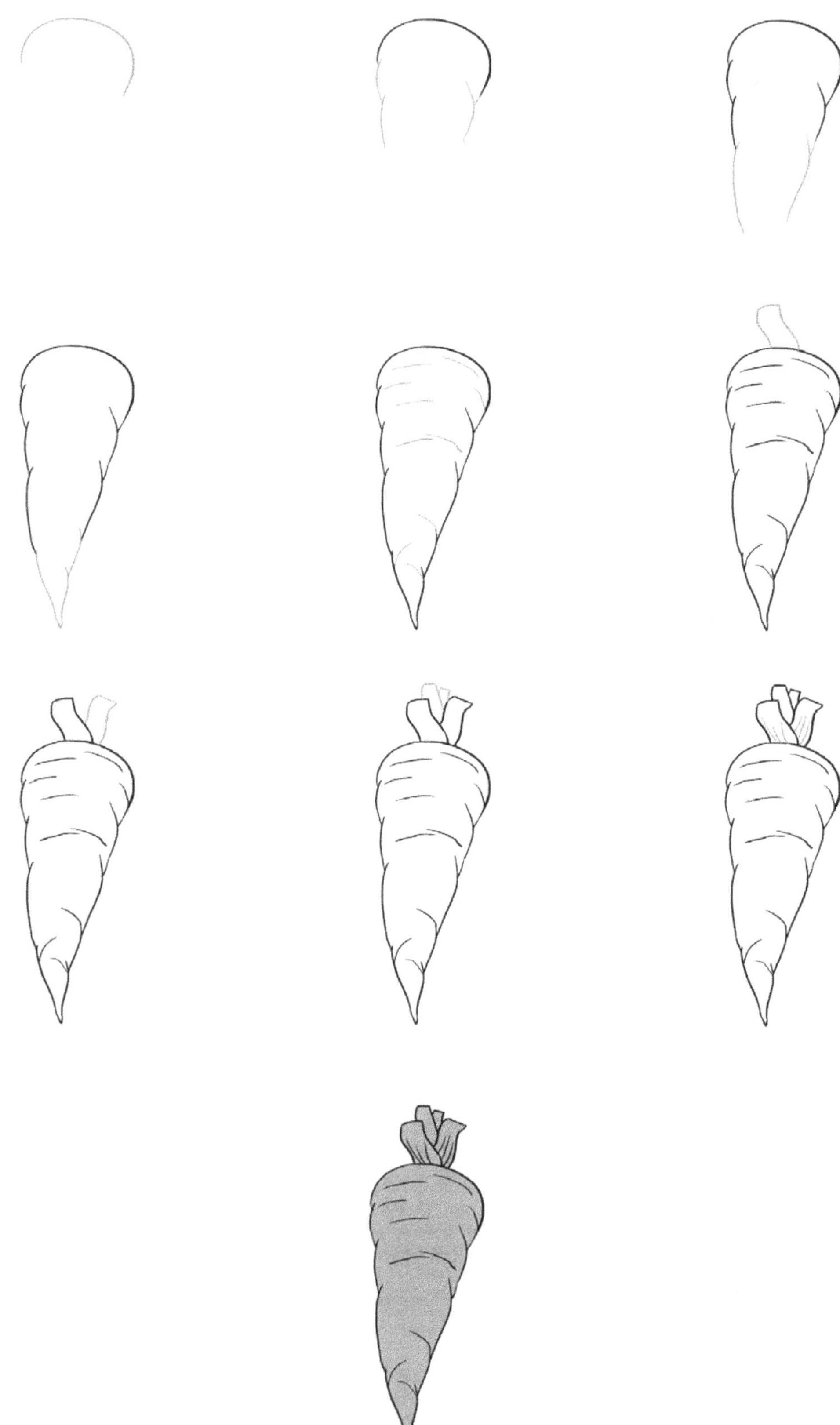

C'est à Votre Tour

Apprendre Par Étape

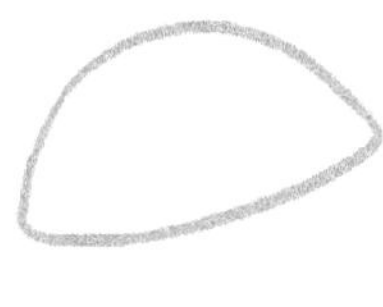 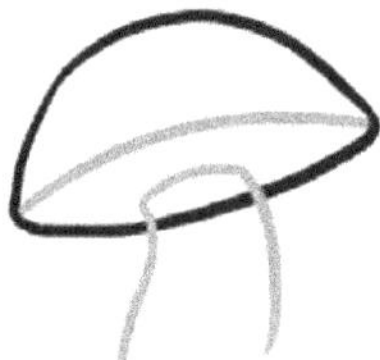 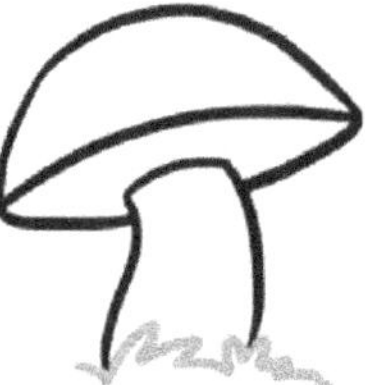

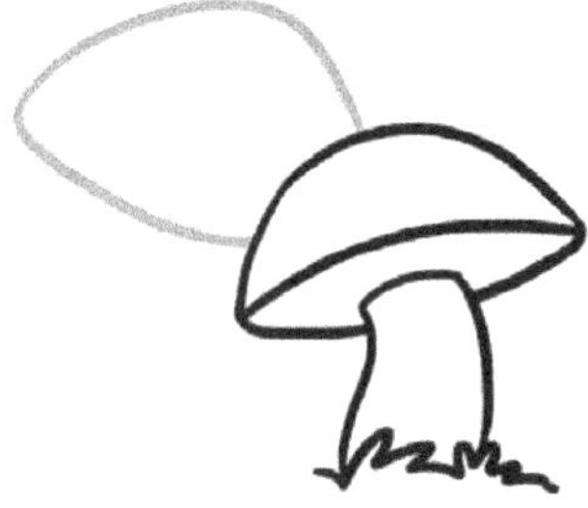 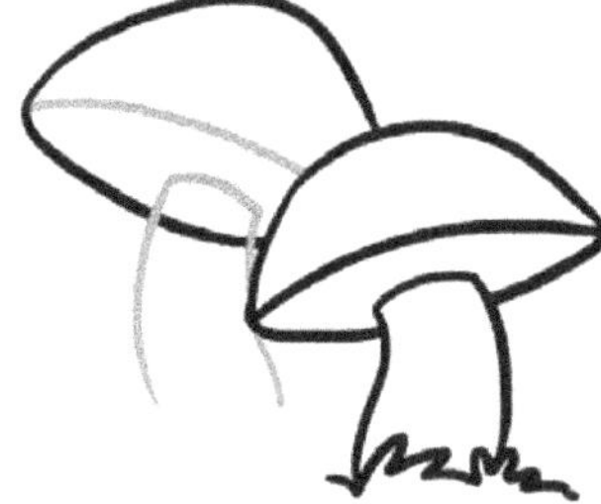 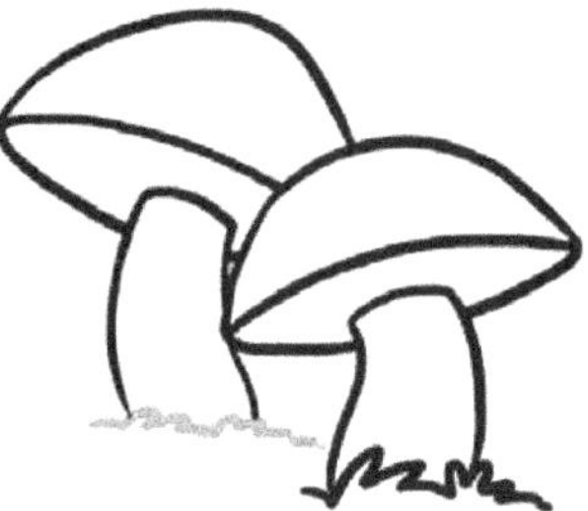

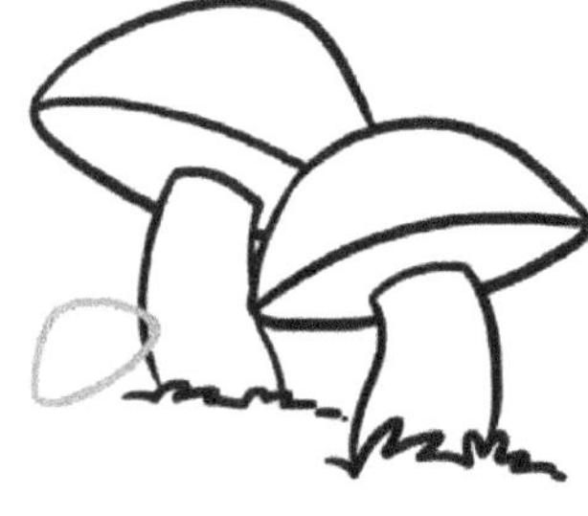 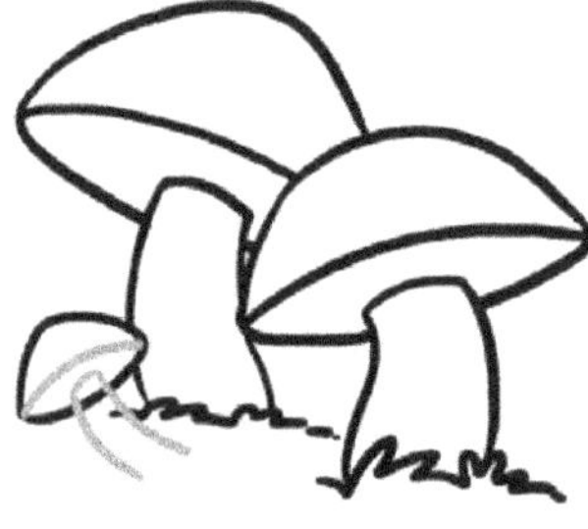 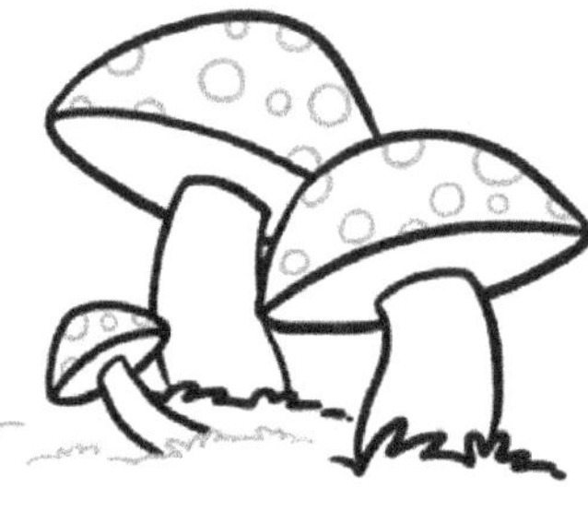

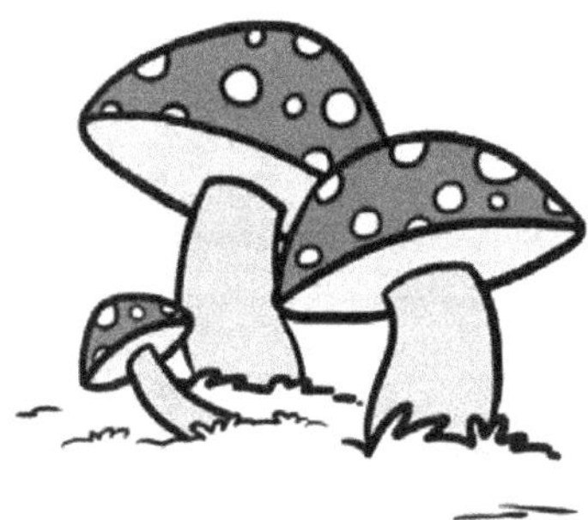

C'est à Votre Tour

Apprendre Par Étape

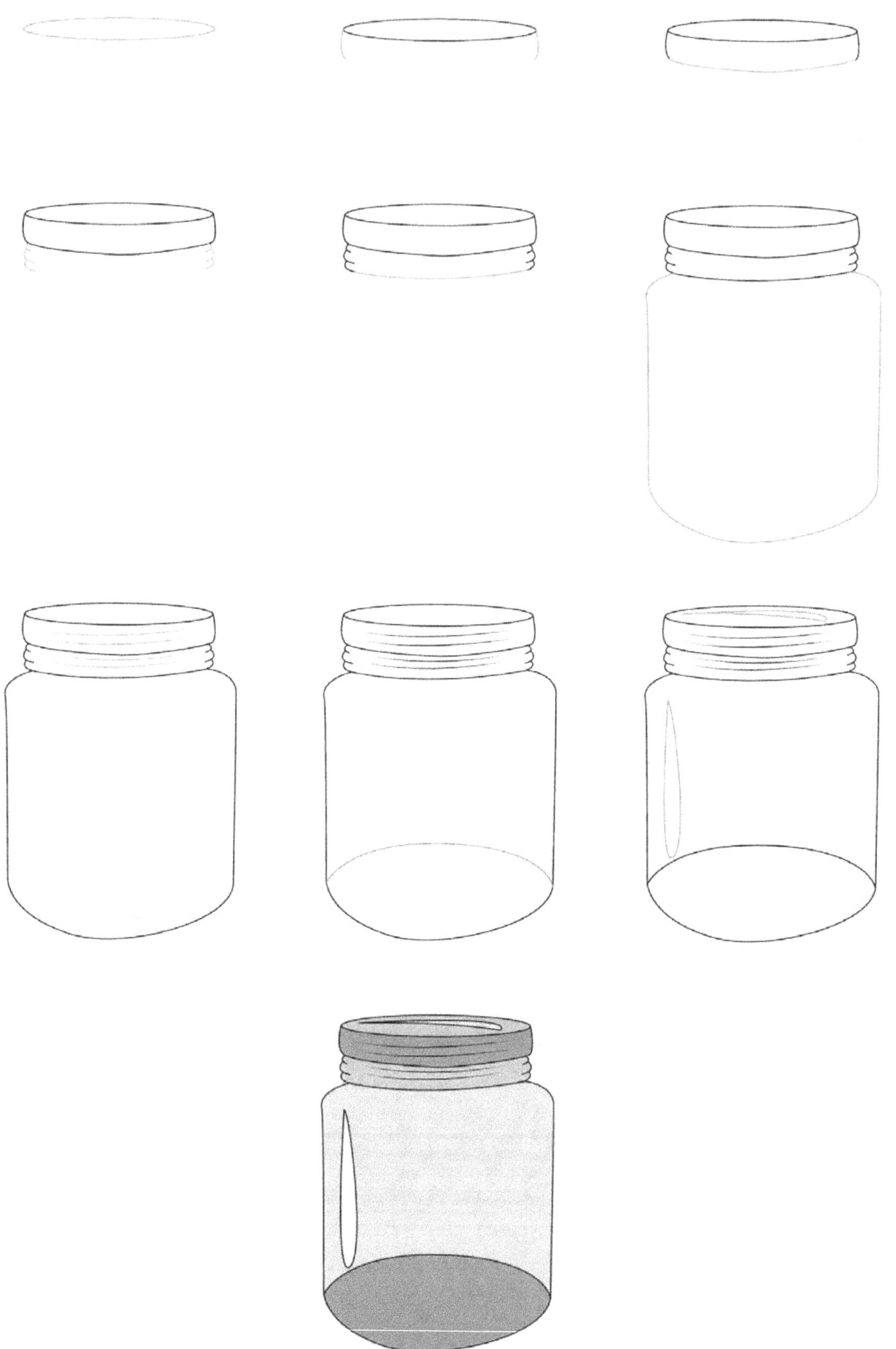

C'est à Votre Tour

C'est à Votre Tour

Apprendre Par Étape

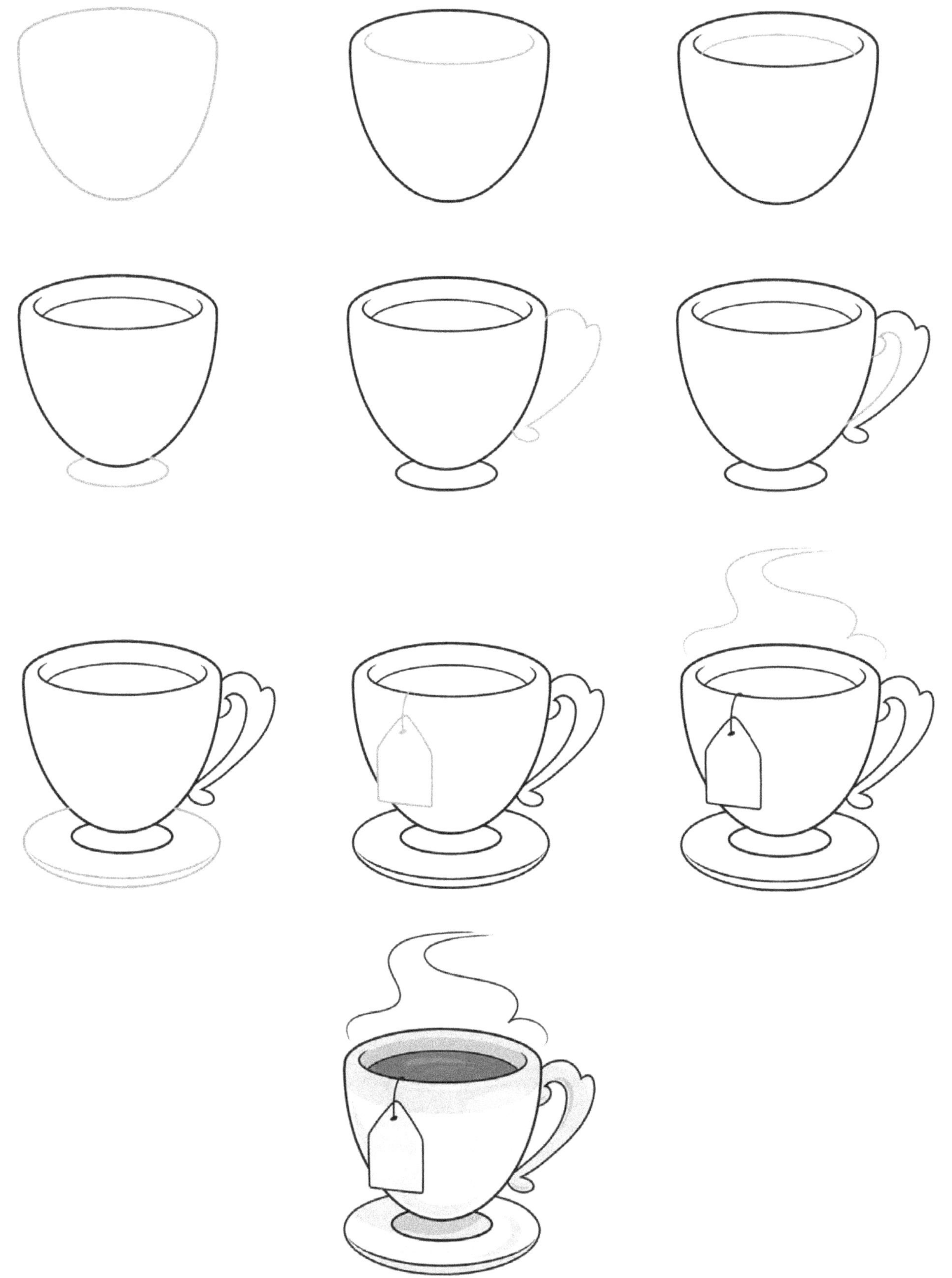

C'est à Votre Tour

Apprendre Par Étape

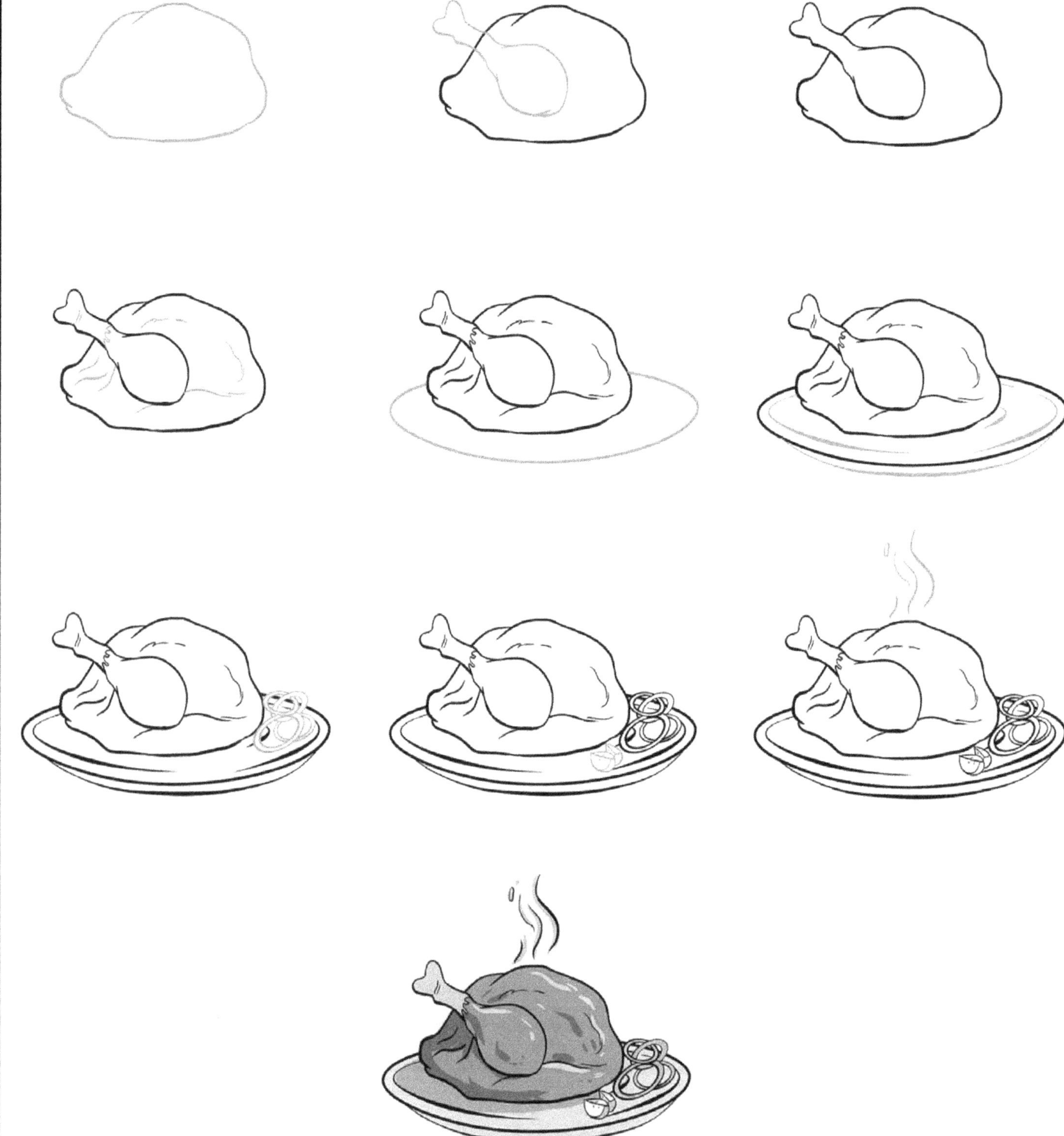

C'est à Votre Tour

Apprendre Par Étape

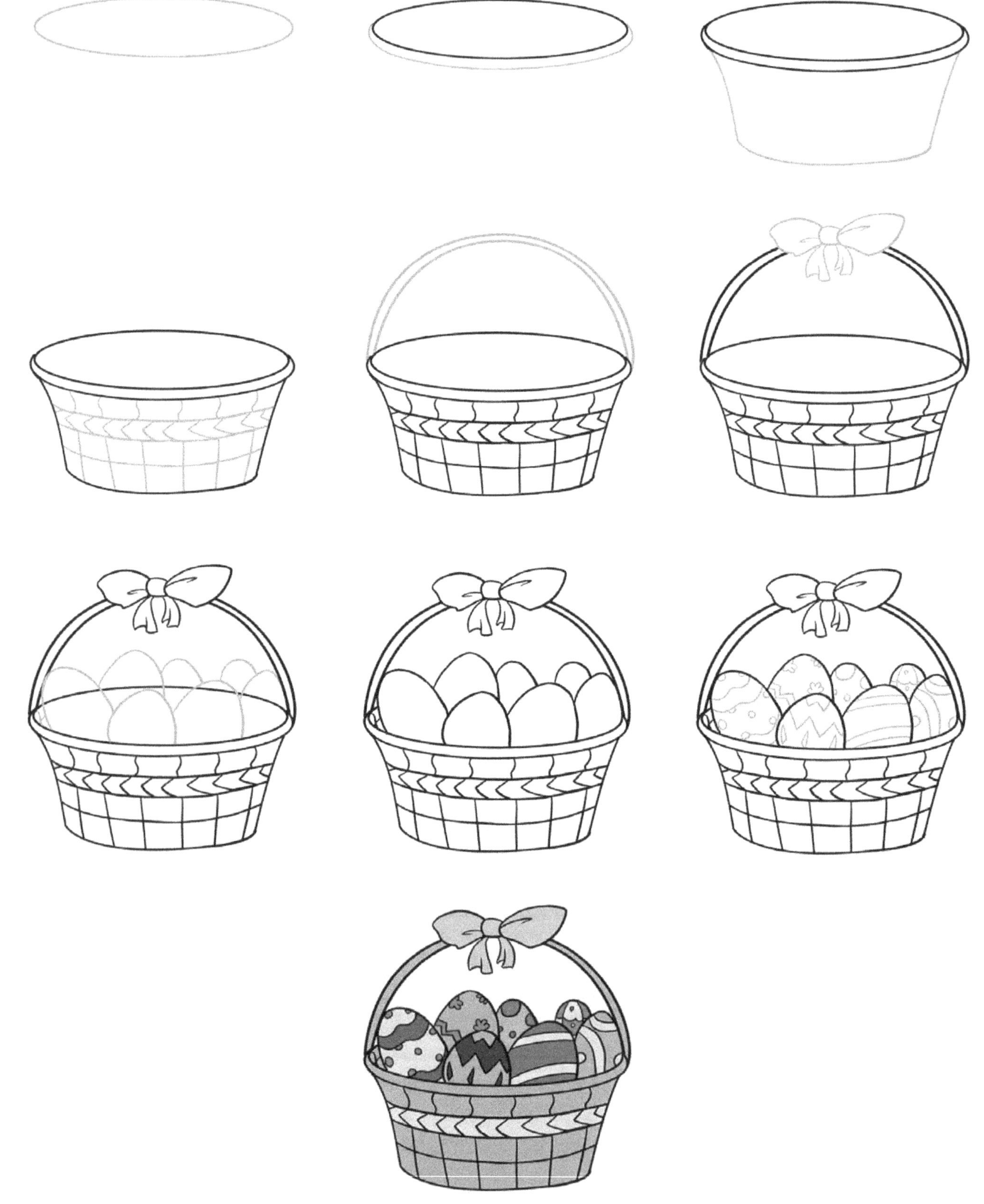

C'est à Votre Tour

Apprendre Par Étape

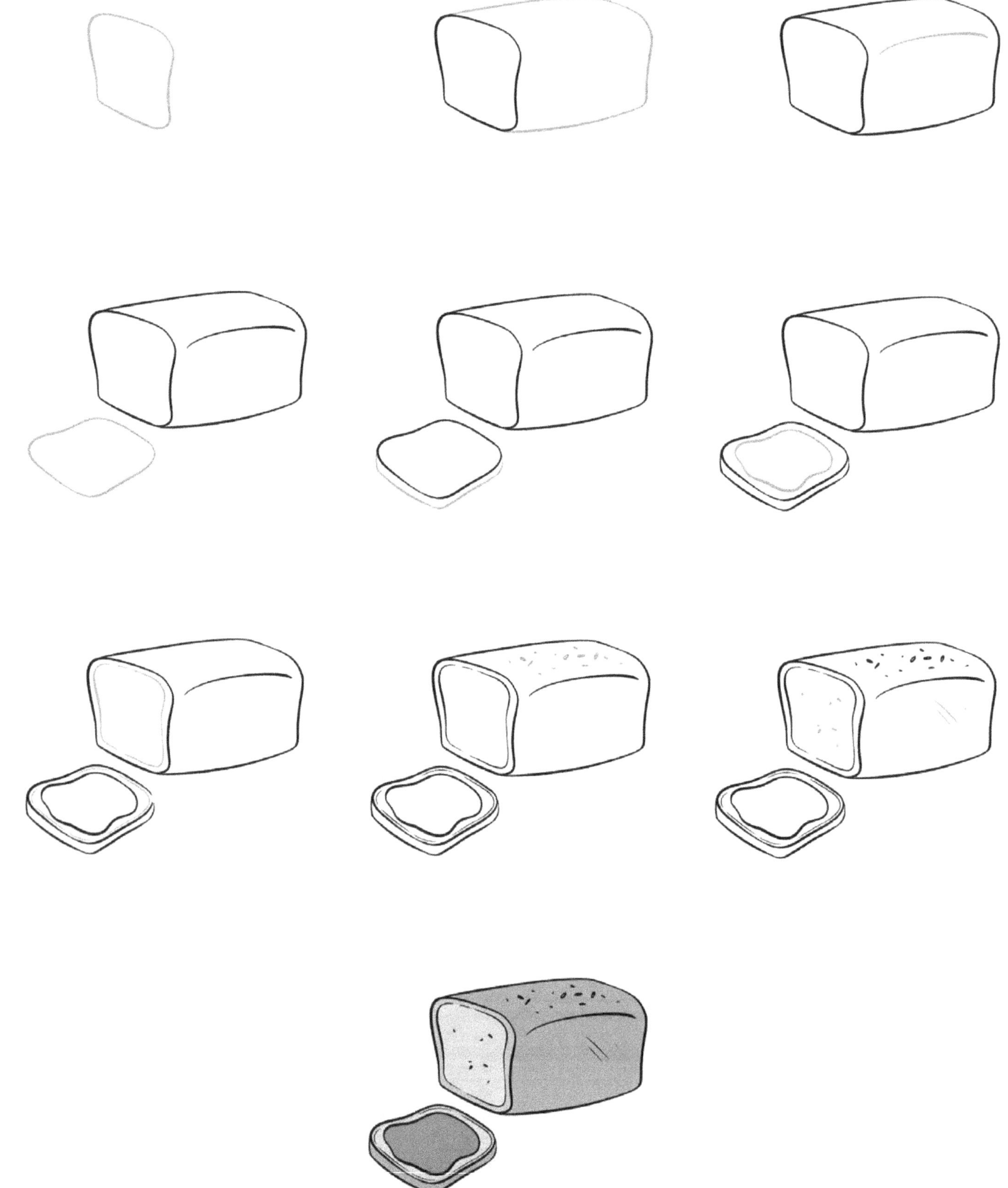

C'est à Votre Tour

C'est à Votre Tour

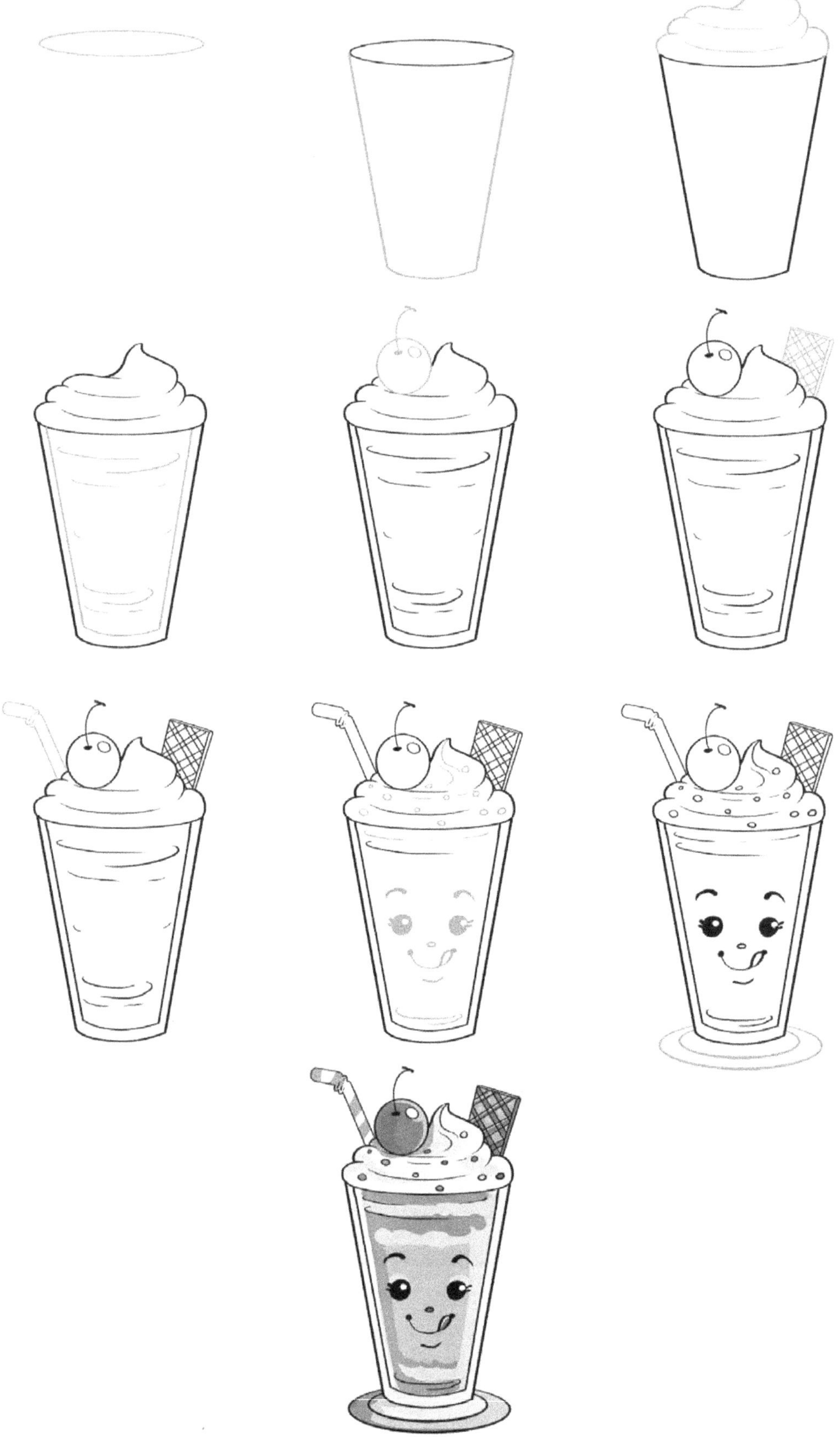

C'est à Votre Tour

Apprendre Par Étape

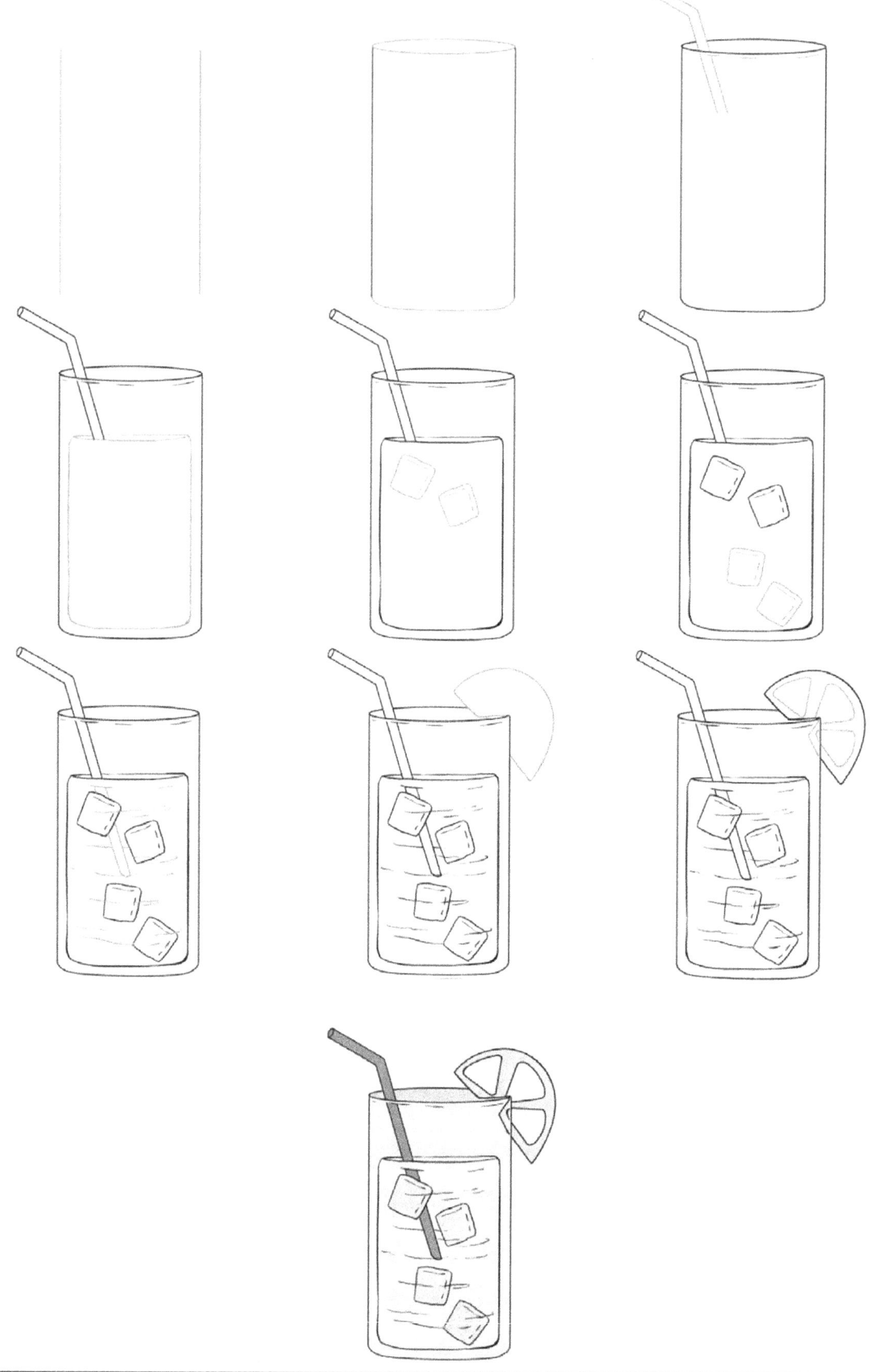

C'est à Votre Tour

Apprendre Par Étape

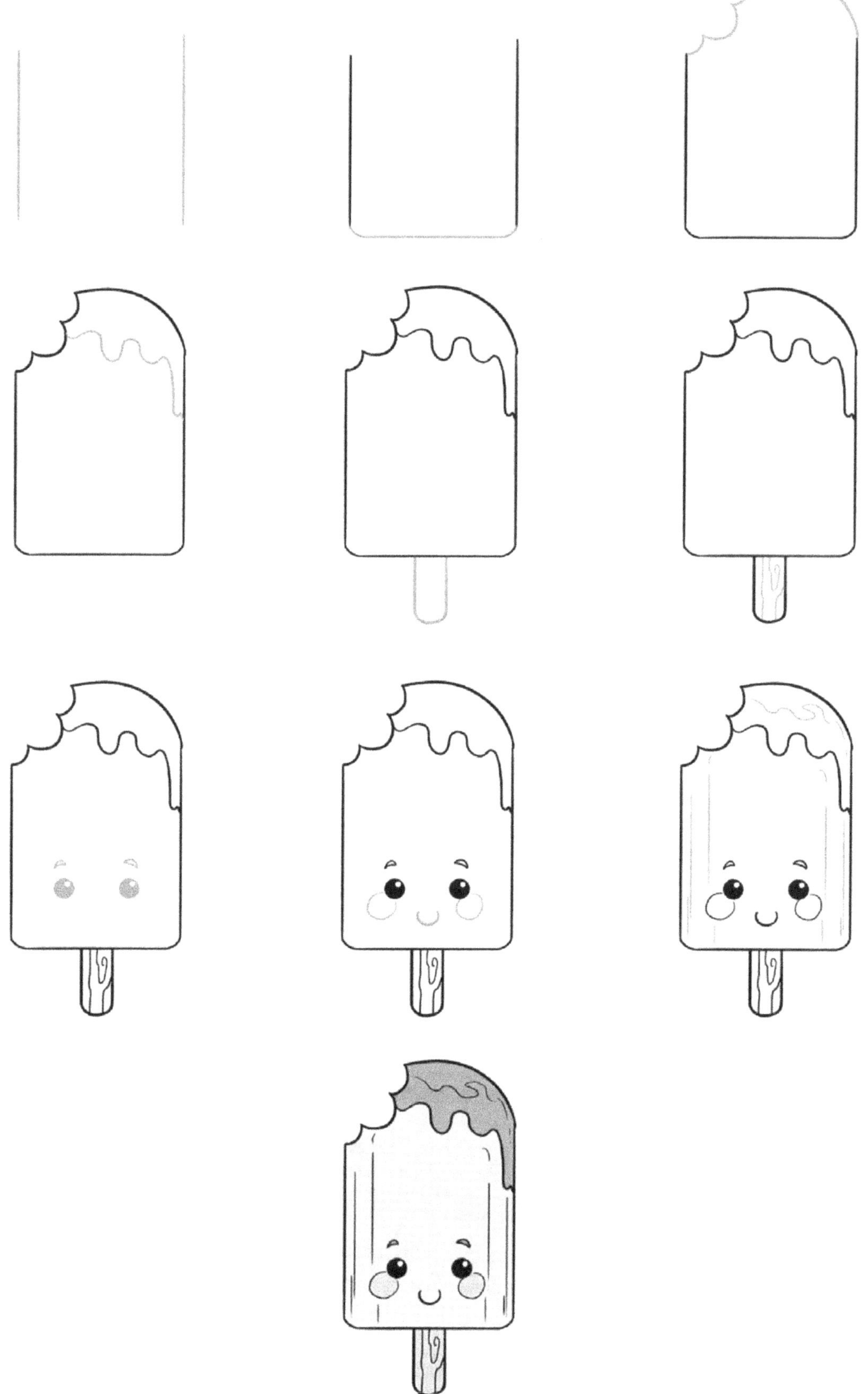

C'est à Votre Tour

Apprendre Par Étape

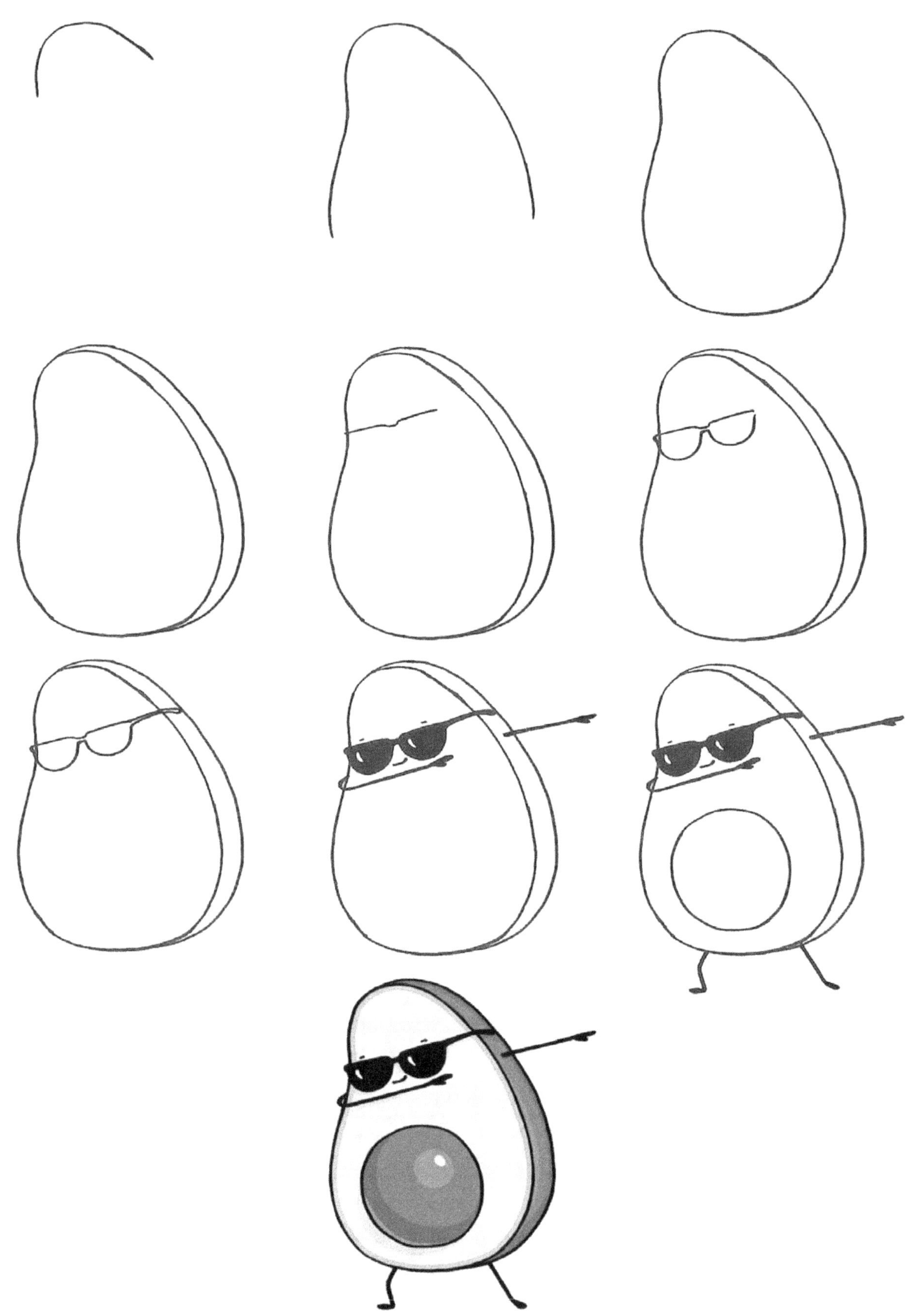

C'est à Votre Tour

C'est à Votre Tour

Apprendre Par Étape

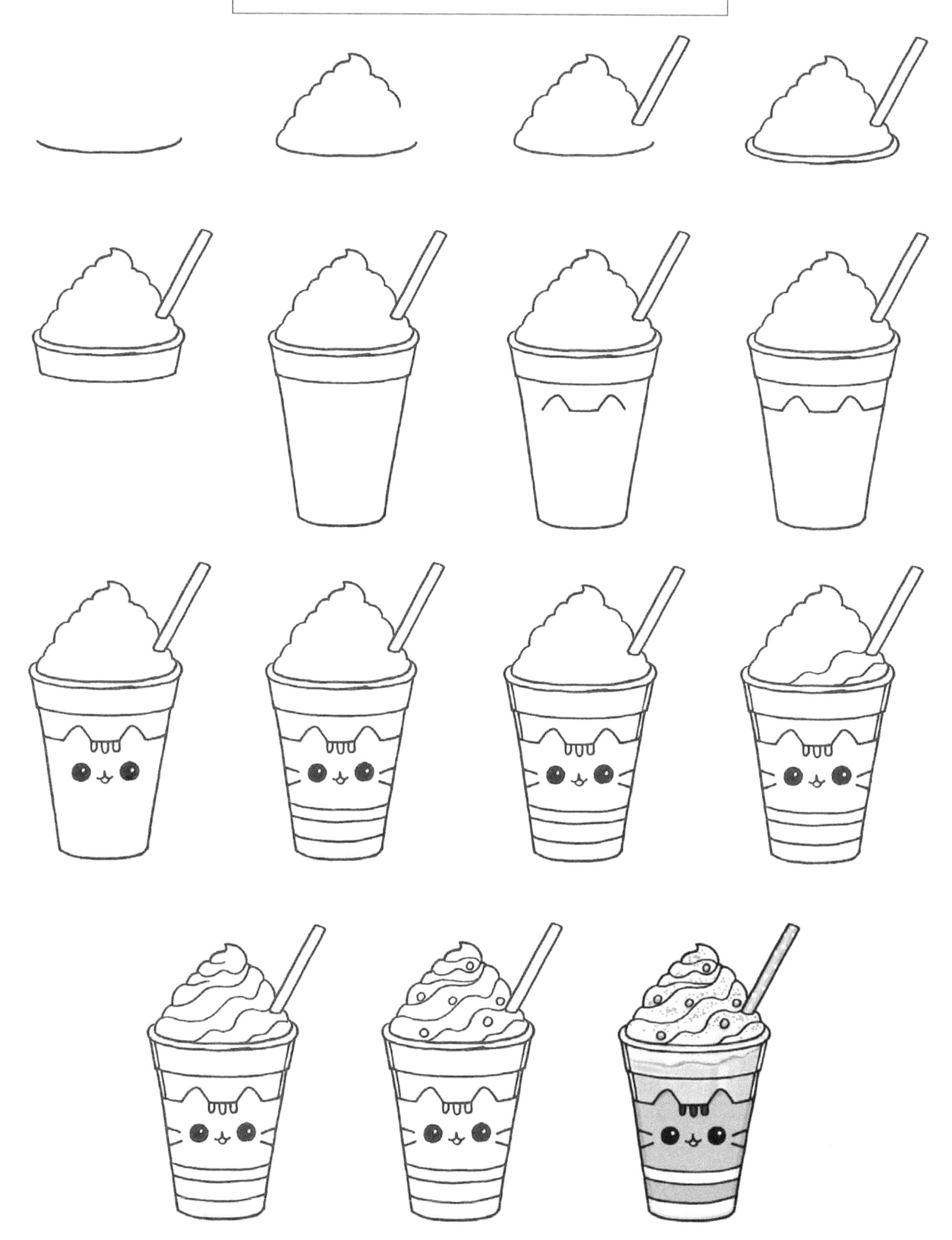

C'est à Votre Tour

Apprendre Par Étape

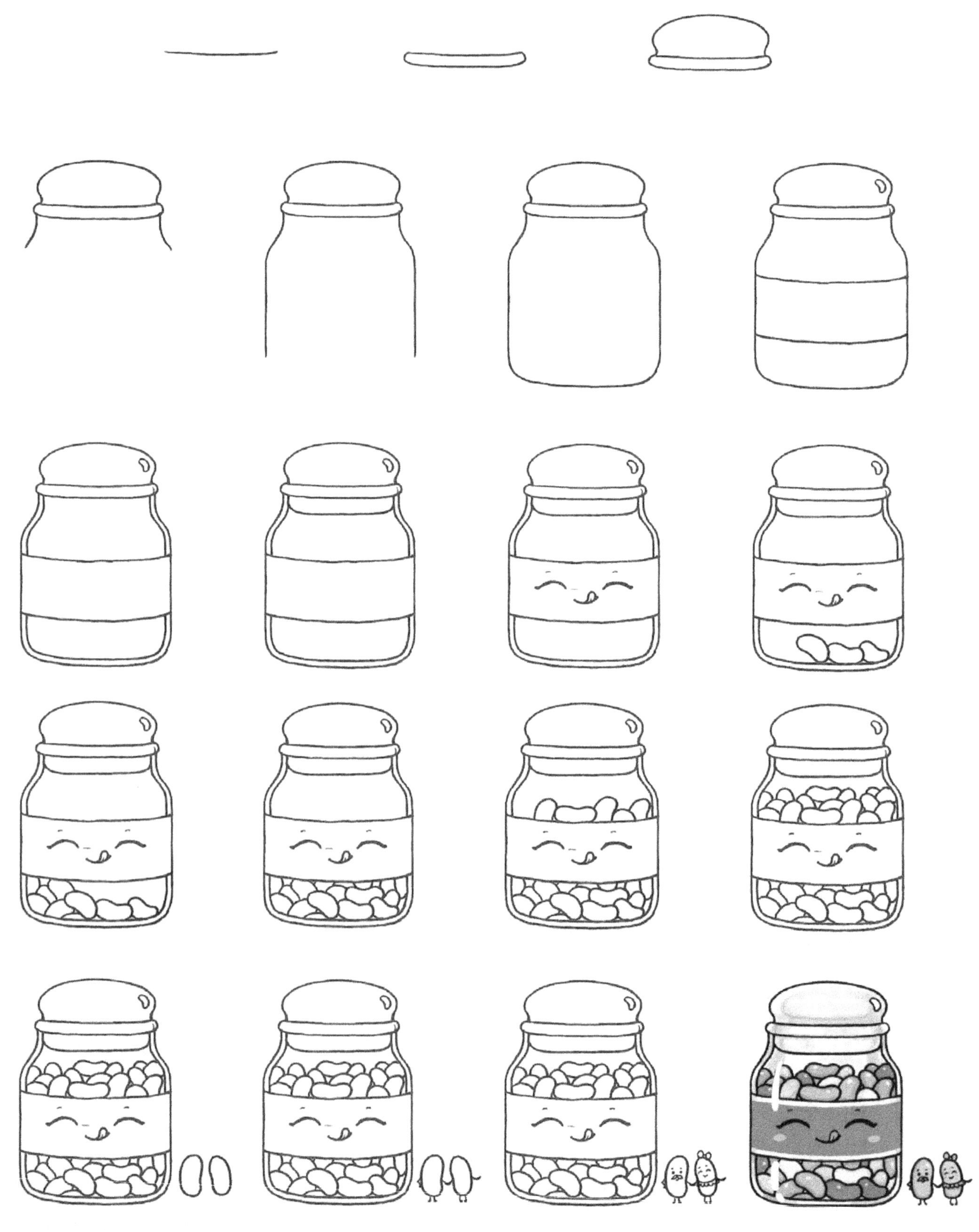

C'est à Votre Tour

Apprendre Par Étape

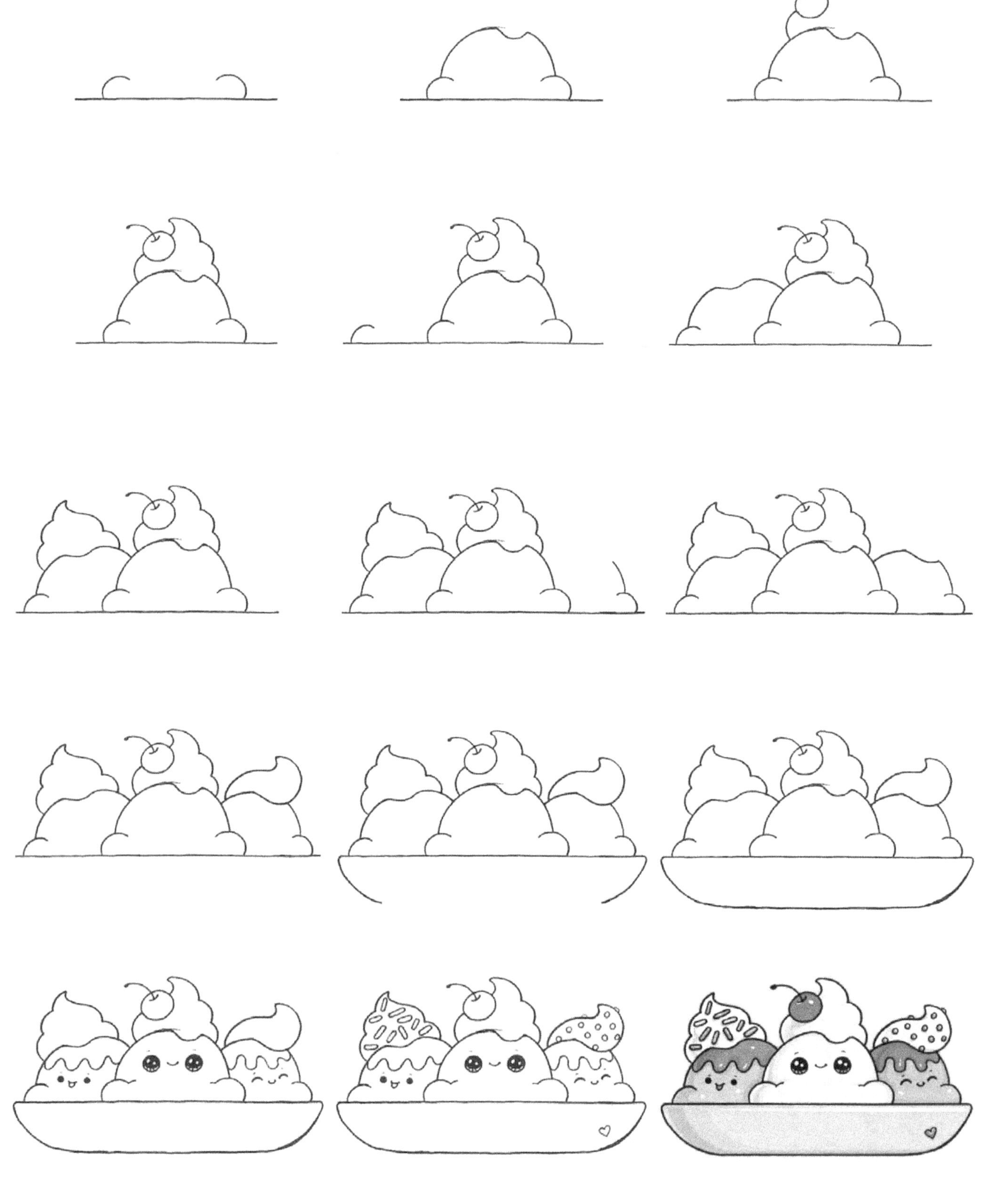

C'est à Votre Tour

Apprendre Par Étape

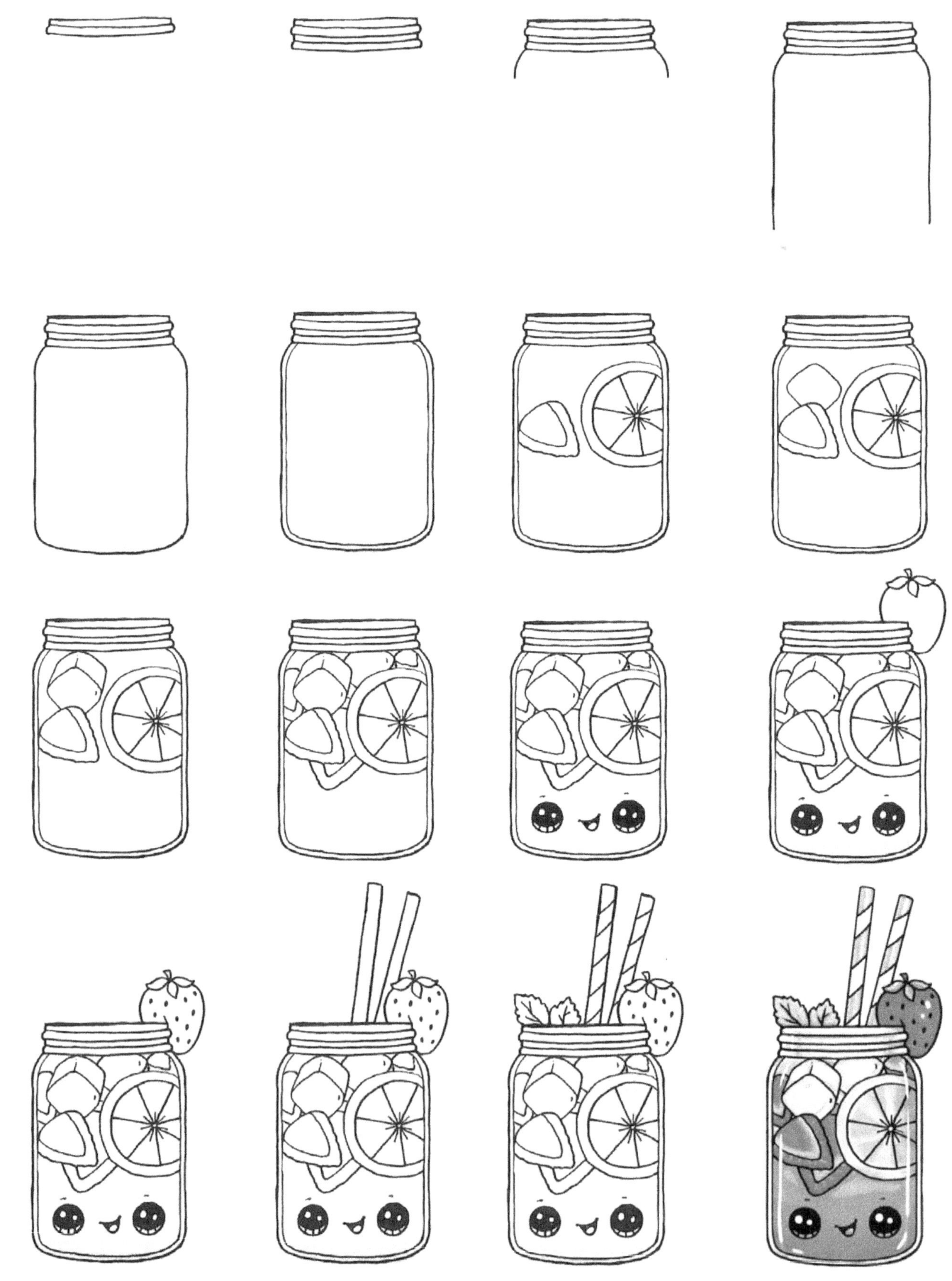

C'est à Votre Tour

Apprendre Par Étape

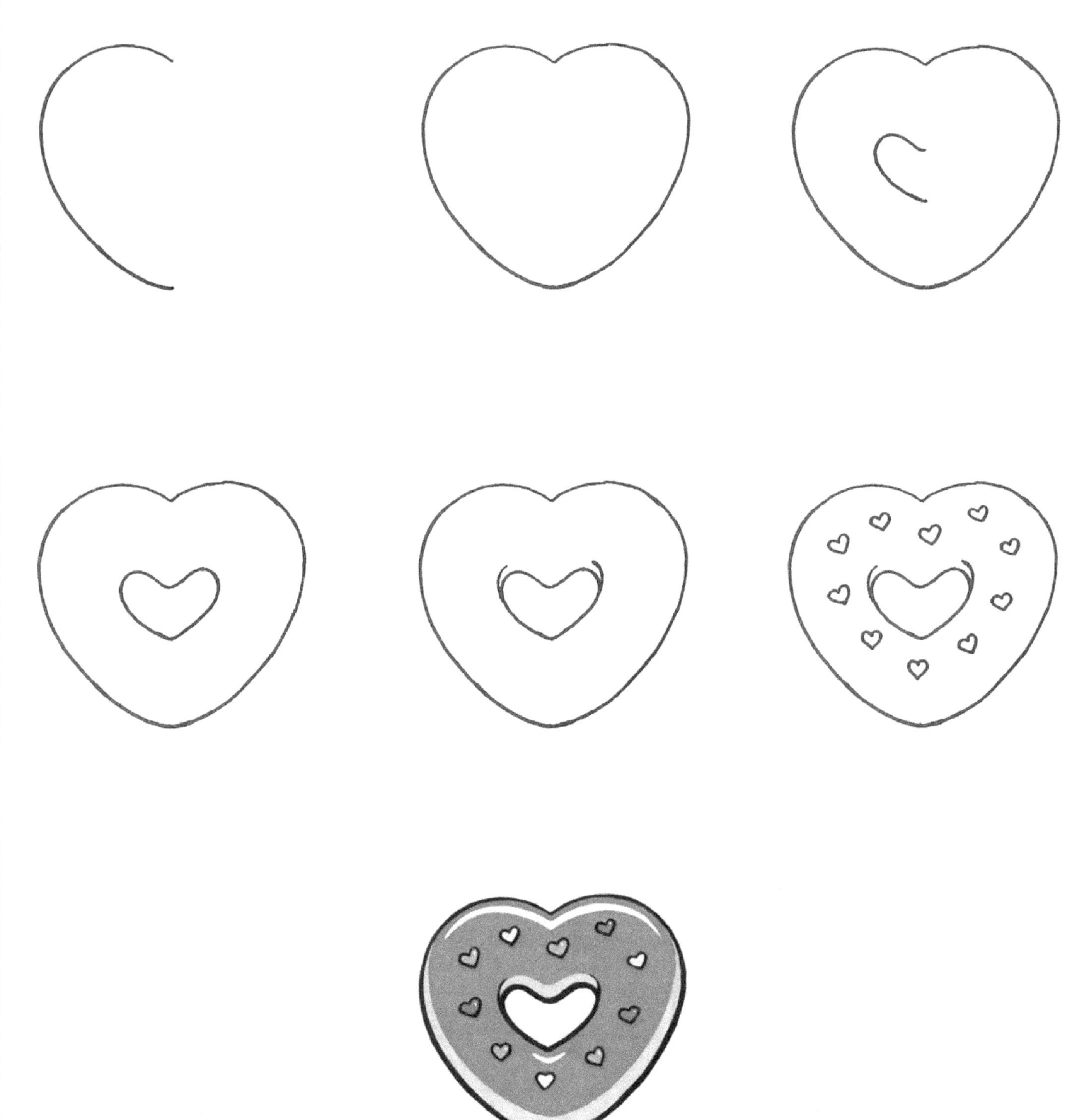

C'est à Votre Tour

Apprendre Par Étape

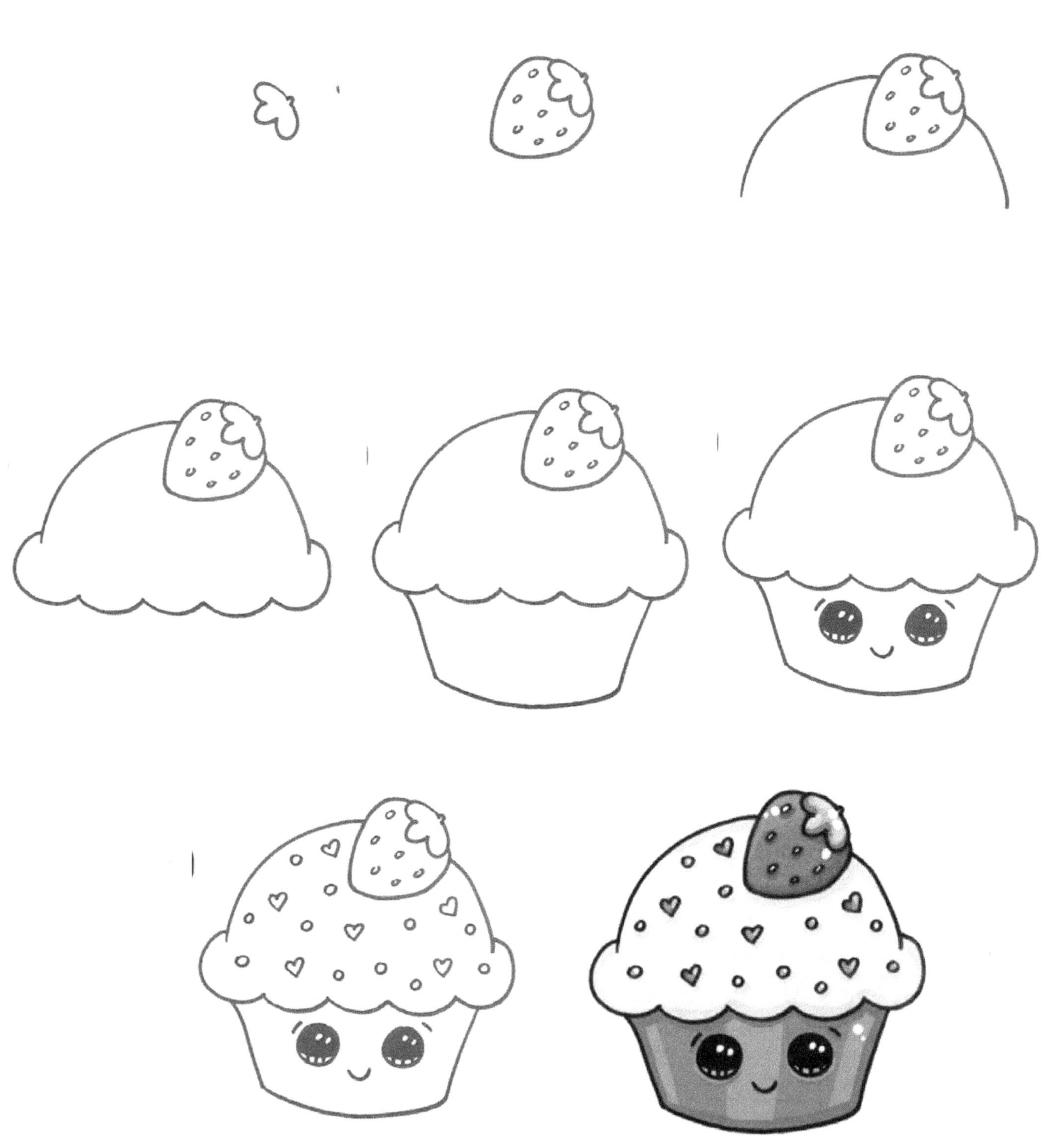

C'est à Votre Tour

Apprendre Par Étape

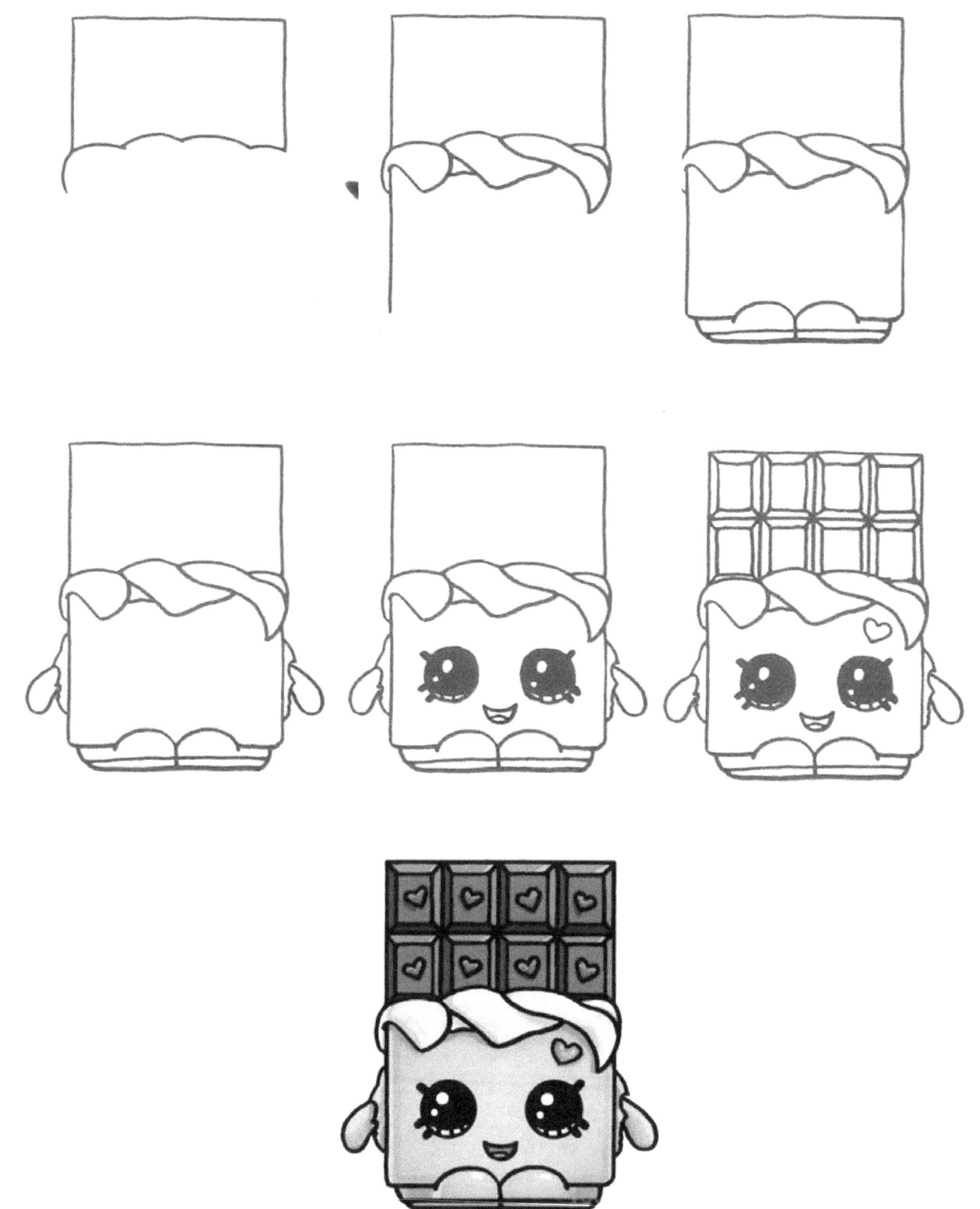

C'est à Votre Tour

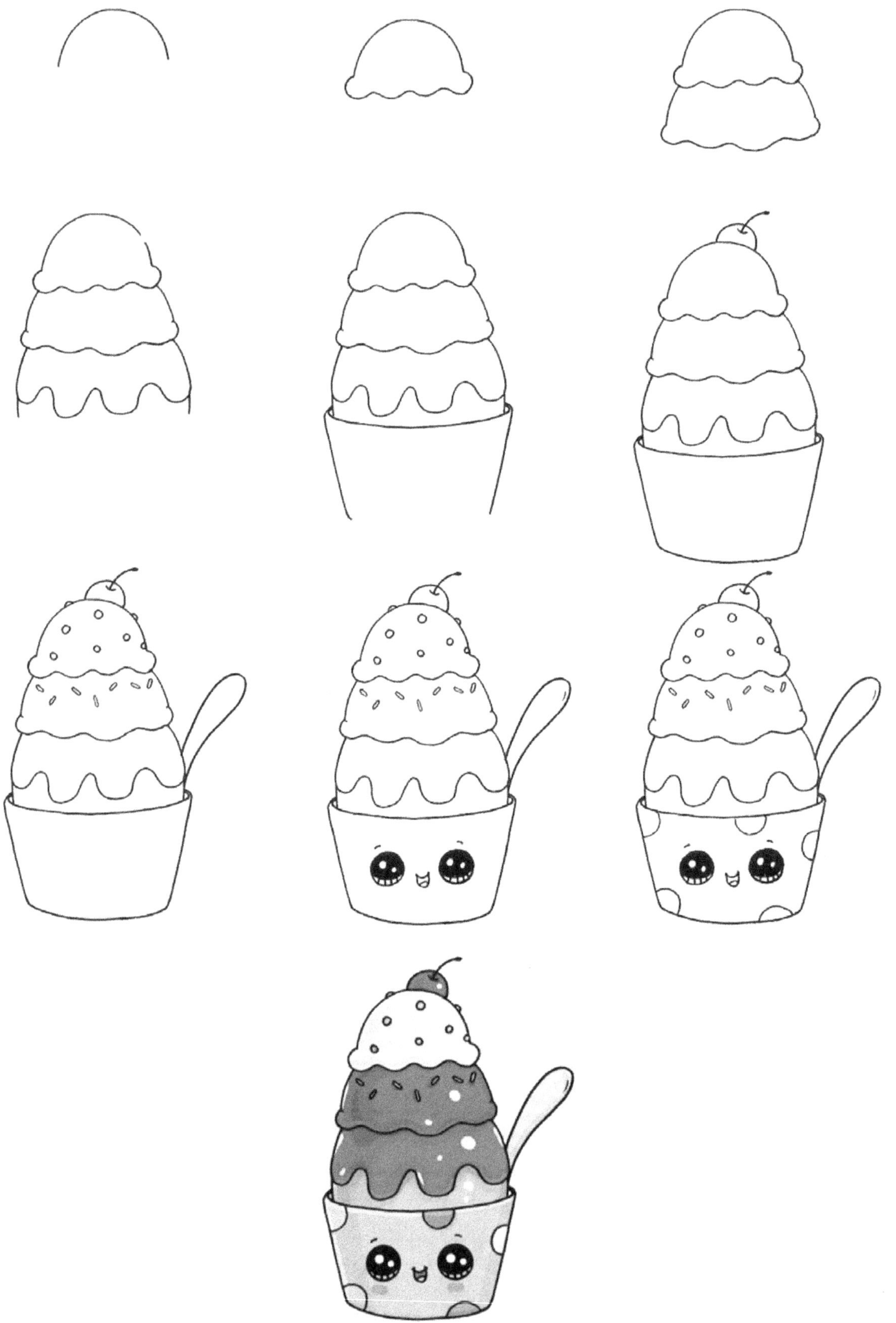

C'est à Votre Tour

Apprendre Par Étape

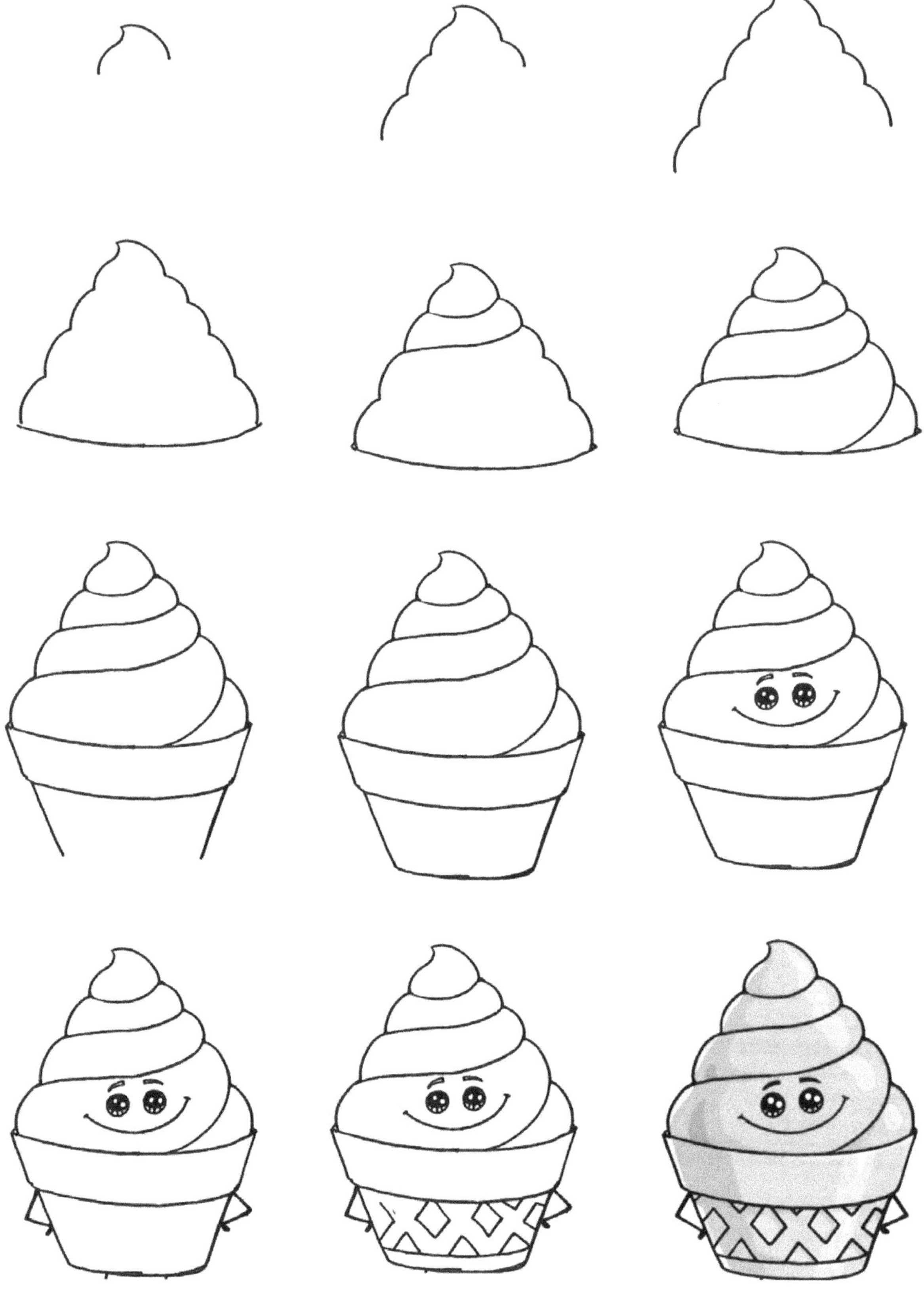

C'est à Votre Tour

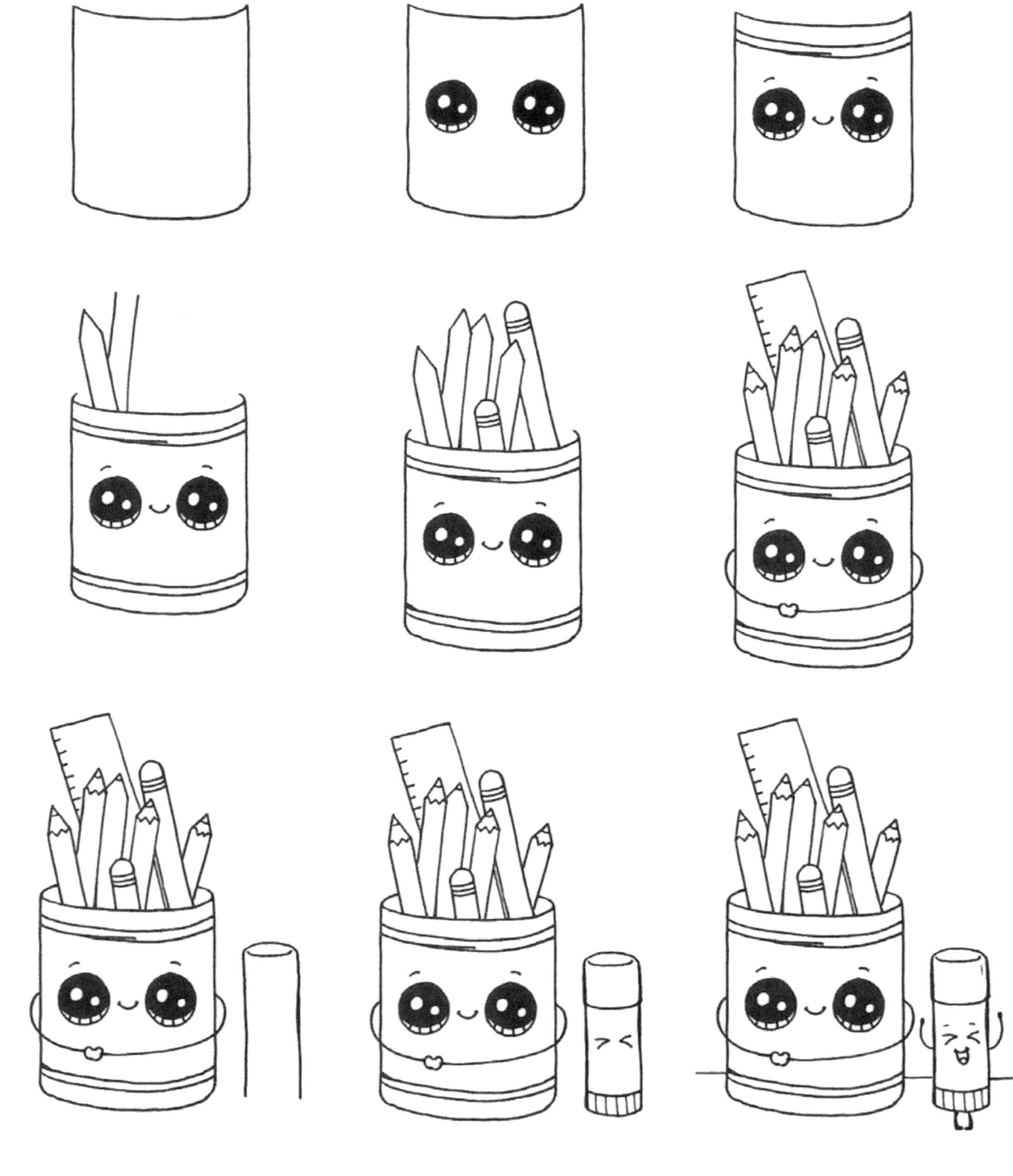

C'est à Votre Tour

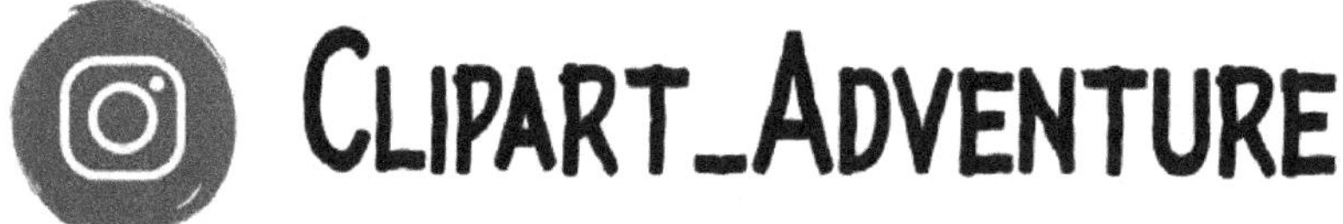
Clipart_Adventure